全球治理的中国方案

世界人权保障的中国方案

张永和 郑若瀚 等◎著

五洲传播出版社

图书在版编目（CIP）数据

世界人权保障的中国方案 / 张永和，郑若瀚等著 . -- 北京 : 五洲传播出版社 , 2019.3

（全球治理的中国方案）

ISBN 978-7-5085-4135-8

Ⅰ . ①世… Ⅱ . ①张…②郑… Ⅲ . ①人权的国际保护 – 研究 Ⅳ . ① D998.2

中国版本图书馆 CIP 数据核字（2019）第 044343 号

“全球治理的中国方案”丛书

出 版 人：荆孝敏

世界人权保障的中国方案

著　　者：张永和　郑若瀚 等

责任编辑：苏　谦

助理编辑：秦慧敏

装帧设计：澜天文化

出版发行：五洲传播出版社

地　　址：北京市海淀区北三环中路 31 号生产力大楼 B 座 7 层

邮　　编：100088

发行电话：010-82005927，82007837

网　　址：http://www.cicc.org.cn　http://www.thatsbooks.com

承 印 者：中煤（北京）印务有限公司

版　　次：2019 年 10 月第 1 版第 1 次印刷

开　　本：787mm × 1092mm 1/16

印　　张：12

字　　数：200 千字

定　　价：68.00 元

目录

前言

尽管人权是一个现代概念，但对于人的关怀却始终是人类社会的核心主题，无论是“仁者爱人”的东方箴言，还是“人是万物的尺度”的西方古谚，都表达着对人性的深沉关切。近代以来，在思想启蒙、社会革命背景下逐渐形成、发展的权利理论，开示了人类对于“人”的思考的新路径，“人权”思想逐渐转化为一套更系统、精致的理论和实践。二战以后，在反思人类自身罪行的基础上，“人权”成为人类社会共同的道德准则，《世界人权宣言》所确认的“人人生而自由，在尊严和权利上一律平等。他们富有理性和良心，并应以兄弟关系的精神相对待”，已然成为一种国际社会普遍承认、共同主张的价值共识。一系列人权公约的公布、签署，众多人权国际组织的蓬勃发展，各主权国家公民生活水平和人权保障水平的显著提升，都在表明近几十年来世界人权保障所取得的显著成就。

世界人权保障事业成就斐然，但也仍然面临诸多困难和挑战。如《2030 年可持续发展议程》所示：“我们有几十亿公民仍然处于贫困之中，生活缺少尊严。国家内和国家间的不平等在增加。机会、财富和权力的差异悬殊。性别不平等仍然是一个重大挑战。失业特别是青年失业，是一个令人担忧的重要问题。全球性疾病威胁、越来越频繁和严重的自然灾害、不断升级的冲突、暴力极端主义、恐怖主义和有关的人道主义危机以及被迫的流离失所，有可能使最近数十年取得的大部分发展进展功亏一篑。自然资源的枯竭和环境退化产生的不利影响，包括荒漠化、干旱、土地退化、淡水资源缺乏和生物多样性丧失，使人类面临的各种挑战不断增加和日益严重。气候变化是当今时代的最大挑战之一，它产生的不利影响削弱了各国实现可持续发展的能力。全球升温、海平面上升、海洋酸化和其他气候变化产生的影响，严重影响到沿岸地区和低洼沿岸国家，包括许多最不发达国家和小岛屿发展中国家。许多社会和各种维系地球的生物系统的生存受到威胁。”[①]这些困难和挑战，有的导源于不可抗拒的客观环境，但更多的则源自人类自身的残酷、自大、盲目、不负责。人类应当如何改善自身业已成为当下的世界性问题和国际人权治理的恒久话题。

在充分保障人权、积极应对人权挑战问题上，中国主张走出一条适合本国国情的人权发展道路，坚持人权普遍性原则与现实国情相结合，坚持将生存权和发展权作为首要人权，“没有生存权，其他一切人权均无从谈起”[②]，“唯有发展，才能消除全球性挑战的根源；唯有发展，才能保障人民的基本权利；唯有发展，才能推动人类社会进步”[③]。

---

① 《变革我们的世界：2030 年可持续发展议程》，外交部网站 2016 年 1 月 13 日，http://www.fmprc.gov.cn/web/ziliao_674904/zt_674979/dnzt_674981/xzxzt/xpjdmgjxgsfw_684149/zl/t1331382.shtml。

② 国务院新闻办公室：《1991 年：中国的人权状况》白皮书，北京：中央文献出版社，1991 年。

③ 国务院新闻办公室：《发展权：中国的理念、实践与贡献》白皮书，北京：人民出版社，2016 年。

在不断提高本国人权保障水平的同时，中国主张世界各国携手共同面对全球性人权挑战，“没有哪个国家能够独自应对人类面临的各种挑战，也没有哪个国家能够退回到自我封闭的孤岛”[①]。各国人民应当“相互尊重、平等协商，坚决摒弃冷战思维和强权政治，走对话而不对抗、结伴而不结盟的国与国交往新路。要坚持以对话解决争端、以协商化解分歧，统筹应对传统和非传统安全威胁，反对一切形式的恐怖主义。要同舟共济，促进贸易和投资自由化便利化，推动经济全球化朝着更加开放、包容、普惠、平衡、共赢的方向发展。要尊重世界文明多样性，以文明交流超越文明隔阂、文明互鉴超越文明冲突、文明共存超越文明优越。要坚持环境友好，合作应对气候变化，保护好人类赖以生存的地球家园”[②]。各国应在对话协商、共建共享、合作共赢、交流互鉴、绿色低碳基础上，共建人类命运共同体，建设一个持久和平、普遍安全、共同繁荣、开放包容、清洁美丽的世界。

---

① 习近平：《决胜全面建成小康社会 夺取新时代中国特色社会主义伟大胜利——在中国共产党第十九次全国代表大会上的报告》，新华网 2017 年 10 月 27 日，http://www.xinhuanet.com//politics/19cpcnc/2017-10/27/c_1121867529.htm。

② 同上。

第一章
中国如何面对生存权和发展权

不可否认，任何一个国家在任何具体条件下，都应当笃定关于每个人充分享有人之尊严和权利的理想以及为之努力的诚意，但比这种理想和诚意更为重要的，是如何将理想中的人权清单转化为人们实实在在享有的现实权利。让人权落地，绝不会像将其载入法律文本那般简单，它必然也必须面对人权实现所必须依赖的具体条件。旧中国长期处于帝国主义、封建主义、官僚资本主义压迫之下，一百多年来，深受其苦的中国人民一直把推翻“三座大山”的压迫、争得人权作为自己的目标，为此前仆后继，进行了长期的艰苦卓绝的斗争。推翻“三座大山”实现了民族独立和人民解放，人权状况得到显著改善，但这并不意味着人权的全面保障可以一蹴而就：贫困的现状无法短时间内改变，据以实现更高层次人权保障的经济、社会资源仍旧稀薄。在这样的历史和现实条件下，生存是第一逻辑，在保障生存的前提下加快发展，并在发展中更好地保障生存是中国人权保障的必然选择，生存权和发展权也因此成为中国这个不发达（甚至在相当长的历史时期内是贫困落后）的人口大国所优先强调和保障的权利，成为中国人权话语中的“首要人权”。新中国前三十年的探索和发展为中国生存权、发展权的保障奠定了坚实基础，改革开放则为生存权、发展权的保障注入了全新动力，既直接创造了生存权、发展权赖以实现的良好的物质条件，更带来了生存权、发展权保障水平的显著提高。以基本生活水准权利和社会保障权利的维护为依托，坚持筑牢人权保障的底线；同时注重工作权、财产权、受教育权保障，不断拓展权利的发展性维度，中国的生存权、发展权保障取得了举世瞩目的成就。

第一节
将生存权和发展权作为首要人权

“人权状况的发展受到各国历史、社会、经济、文化等条件的制约，是一个历史的发展过程。”[①] 从旧中国走来的新中国，首先要解决的是人民的生存问题。在发展中解决生存问题和实现更好的发展是中国在具体历史条件下作出的选择，也正是在这样的历史情境下，中国将生存权和发展权作为首要人权。

一、从旧中国到新中国

对于一个国家和民族来说，没有生存权，其他一切人权均无从谈起。这是最简单的道理。

在旧中国，由于帝国主义的侵略，封建主义和官僚资本主义的压迫，人民的生命毫无保障，因战乱饥寒而死者不计其数。争取生存权利历史

① 国务院新闻办公室：《1991 年：中国的人权状况》白皮书。

地成为中国人民必须首先要解决的人权问题。危害中国人民生存的，首先是帝国主义的侵略。国家不能独立，人民的生命就没有保障。因此，争取生存权首先要争取国家独立权。自 1840 年鸦片战争以后，中国一步一步地由一个封建大国沦为半殖民地半封建的国家。从 1840 年到 1949 年的 110 年间，英、法、日、美、俄等帝国主义列强先后对中国发动过大小数百次侵略战争，给中国人民的生命财产造成了不可估量的损失。中华人民共和国的建立，铲除了帝国主义、封建主义和官僚资本主义势力，结束了中国一百多年来任人宰割、受尽欺凌的屈辱历史和长期战乱、一盘散沙的动荡局面，实现了人民梦寐以求的国家独立。中国人民以国家主人的姿态站立起来，第一次真正享有了应有的人格尊严，赢得了全

1949 年 10 月 1 日，毛泽东主席在天安门城楼上宣读《中华人民共和国中央人民政府公告》，宣告中华人民共和国成立。

世界的尊敬。中国人民的生命安全从此获得了根本保障。

国家的独立使中国人民的生命不再遭受外国侵略者的蹂躏，在此基础上要实现生存权，还必须使人民享有基本的生活保障。吃饱穿暖，这是长期陷于饥寒交迫困境的中国人民的最低要求，旧中国的历代政府一直未能有效解决这一问题。在旧中国，只占农村人口 10% 的地主和富农占有 70% 的土地，而占农村人口 70% 的贫雇农却只占有 10% 的土地；占人口极少数的官僚买办资产阶级垄断着 80% 的工业资本，操纵着全国的经济命脉。中国人民遭受着地租、赋税、高利贷和官僚买办的层层盘剥，其所受的剥削和贫困的程度是世界上罕见的。据估算，旧中国有 80% 的人长期处于饥饿、半饥饿状态，几乎每年都有几万到几十万人因饥饿而死。一遇自然灾害，更是饿殍遍野。1931 年，华东地区水灾，造成 370 多万人死亡。1943 年，仅河南省饿死者就达 300 万人，另有 1500 万人靠啃草根、吃树皮度日，濒临死亡边缘。1947 年，全国饥民竟达 1 亿多人，占当时全国人口的 22%。如何解决温饱问题，更好保障中国人民的生存权，是新中国建立后所面临的首要问题。因此，1949 年新中国建立以来，中国共产党和中国政府始终把解决人民的温饱问题作为头等大事和最紧迫的任务。人民政府领导全国人民用了三年时间，集中精力医治战争创伤，使国民经济迅速恢复到历史的最高水平。在此基础上，中国又不失时机地完成了对农业、手工业和资本主义工商业的社会主义改造，从根本上消灭了剥削制度，实行了社会主义制度，使中国人民在历史上第一次成为生产资料的主人和社会财富的享有者。这就极大地激发了人民群众建设新中国和新生活的积极性，解放了社会生产力，使社会经济以历史上空前的速度发展。

二、从生存到发展

尽管生产力取得了前所未有的大发展，但生存权问题仍然是中国面临的棘手问题。截至 1978 年，中国农村贫困人口高达 7.7 亿，贫困发生率 97.5%，是典型的“贫困社会”。与此同时，在国家建设的进程中，中国愈益意识到，生存权的保障必须依赖于发展，必须在发展中解决生存问题，发展是中国共产党执政兴国的第一要务，是解决中国所有问题的关键。

鉴于此，中国在突出强调保障生存权的同时，也开始越来越重视对发展权的关注和保障，并形成了“生存权和发展权是首要的基本人权”的人权主张：生存权和发展权是首要的人权，也是享有其他人权的基础；没有生存权和发展权，其他一切人权均无从谈起。贫穷是实现人权的最大障碍。没有物质资料的生产和供给，人类其他一切权利的实现都是非常困难或不可能的。发展既是消除贫困的手段，也为实现其他人权提供了条件，同时也是人实现自身潜能的过程。发展权贯穿于其他各项人权之中，其他人权为人的发展和发展权的实现创造条件。

经过不断努力探索和发展，中国的综合国力大幅增强，人民生活实现了从贫困到总体小康的历史性跨越，中国人民在经济、政治、文化、社会、环境等各方面的发展权不断得到有效保障。中国以不足世界 10% 的耕地，养活了世界 20% 以上的人口；中国在改革开放 40 多年的时间里，使 7 亿多人口摆脱贫困，占全球减贫人口的 70% 以上；中国建立了世界上最大的社会保障体系，人均预期寿命从 1949 年前的 35 岁提高到 2017 年的 76.7 岁，居于发展中国家前列；中国人民受教育水平大幅提高，1949 年全国人口中 80% 以上是文盲，学龄儿童入学率仅 20% 左右，而到 2018 年，小学学龄儿童净入学率为 99.95%，九年制义务教育巩固率为 94.2%，高中阶段毛入学率为 88.8%，高等教育已接近中等发达国家水平。联合国《2016 中国人类发展报告》显示，2014 年中国的人类发展指数在 188 个国家中列第 90 位，已进入高人类发展水平国家组。

当然，中国有 13 亿多人口，是世界上最大的发展中国家，中国仍处于并将长期处于社会主义初级阶段。更好地保障生存权和发展权，仍然是中国人权事业的核心追求。

第二节
强化底线保障：突出保障基本生活水准权利和社会保障权利

一、基本生活水准权利保障的中国实践

基本生活水准权作为一项基本人权，是基础权利之一，最先在《世界人权宣言》中得到阐述。《世界人权宣言》序言中倡导，“一个人人享有言论和信仰自由并免于恐惧和匮乏的世界的来临，已被宣布为普通人民的最高愿望。”第二十五条规定：“人人有权享受为维持他本人和家属的健康和福利所需的生活水准，包括食物、衣着、住房、医疗和必要的社会服务；在遭到失业、疾病、残废、守寡、衰老或在其他不能控制的情况下丧失谋生能力时，有权享受保障。”《经济、社会和文化权利国际公约》第十一条规定：“人人有权为他自己和家庭获得相当的生活水准，包括足够的食物、衣着和住房，并能不断改进生活条件。人人享有免于饥饿的基本权利。”中国通过一系列有效的法律政策措施充分保障中国公民的基本生活水准权，特别是在减贫、住房保障、用水用电保障等方面，取得了突出成就。

消除贫困，实现共同富裕，是社会主义的本质要求，是中国共产党

的历史使命。中国是世界上人口最多的发展中国家，发展基础差、底子薄、不平衡现象突出。特别是农村贫困人口众多，解决贫困问题的难度很大。改革开放以来，中国成功走出了一条中国特色扶贫开发道路，使7亿多农村贫困人口脱贫。2015年底，中共中央、国务院发布关于打赢脱贫攻坚战的决定，提出了“十三五”（2016—2020年）脱贫攻坚的总体目标：到2020年，稳定实现农村贫困人口不愁吃、不愁穿，义务教育、基本医疗和住房安全有保障；实现贫困地区农民人均可支配收入增长幅度高于全国平均水平，基本公共服务主要领域指标接近全国平均水平；确保现行标准下农村贫困人口实现脱贫，贫困县全部摘帽，解决区域性整体贫困。2016年3月，《中华人民共和国国民经济和社会发展第十三个五年规划纲要》发布，对全力实施脱贫攻坚总体目标作出战略部署。为实现上述目标，中国政府根据2014年底贫困人口统计数据，分别制定了不同的脱贫方案。第一，通过产业扶持，帮助有劳动能力和生产技能的3000万贫困人口脱贫。第二，通过转移就业，帮助1000万贫困人口脱贫。第三，通过易地搬迁，帮助“一方水土养不起一方人”地区的约1000万贫困人口脱贫。第四，通过全部纳入低保覆盖范围，实现社保政策兜底脱贫。

为实现消除现行标准下所有贫困的总目标，中国在最新一轮的脱贫攻坚战中，加大投入，采取了多项“超常规”措施，帮助贫困群众摆脱贫困，上述“易地搬迁”便是其中一项标志性措施。

易地扶贫搬迁是帮助生存条件恶劣地区贫困群众脱贫的根本措施，也是新一轮脱贫攻坚的标志性工程。湖北省坚持以产业发展和稳定就业为导向，探索出易地扶贫、搬迁脱贫的新模式。大别山腹地的蕲春县是国家扶贫开发重点县，贫困人口有5万多户。因为山多地少、土地贫瘠，当地制定了整体搬迁、梯度安置的扶贫方案，从2015年

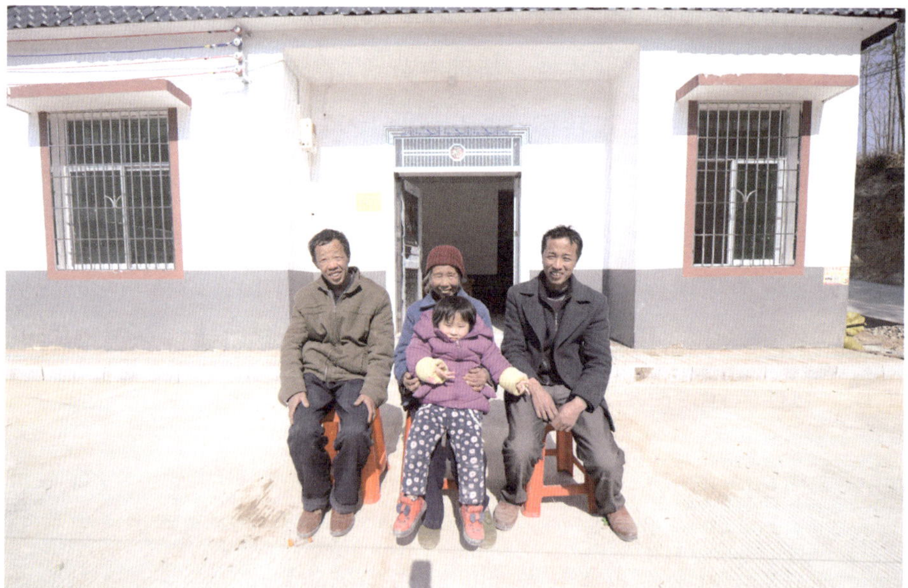

2018 年 1 月 19 日，湖南省桂东县沤江镇青竹村的黄海龙一家搬进了新家。搬迁前，他们住在一栋有着 70 多年历史的开裂的泥房里，“扶贫搬迁”为他们创造了新环境，带来了新希望。

开始，以人均25平方米的标准，依山就势建设新房，满足困难群众的不同需求。偏远山区的9200户贫困户陆续告别土坯房，住上新楼房。为帮助农民致富，一方面，当地加强与沿海省市的劳务输出对接，并通过技能培训，提高贫困人口外出就业能力和自我创业能力，目前已有3000个易地扶贫搬迁户实现了培训转移就业；另一方面，积极引入市场主体，发展蕲艾、油茶、花生等特色农业，拓宽增收渠道，加快脱贫致富步伐。[①]

经过多年不懈奋斗和不断探索，中国农村贫困人口已大幅下降，截至2017年底，中国农村贫困人口已经下降到3000万人，贫困发生率下降到3.1%。

图 1-1：按现行农村贫困标准衡量的农村贫困状况

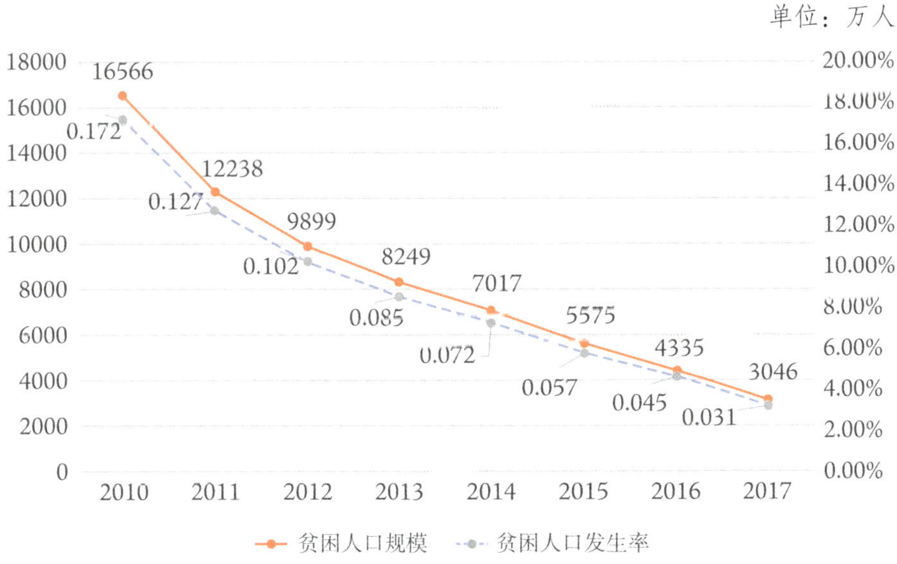

① 《创新易地搬迁 挪穷窝换穷业》，央视网2016年8月27日，http://tv.cctv.com/2016/08/27/VIDEg1N046wXDVVvnyRDH7qG160827.shtml。

截至 2016 年底，全国已有 1126 万户中低收入住房困难家庭住进了公租房。图为青岛市民杜丽娜在领到公租房钥匙后，高兴地带着孩子参观新居。

有体面的居所，是基本生活水准权利的应有之义。为保障城市中低收入住房困难家庭的住房需求，中国政府开展了保障性住房建设。保障形式有包括廉租房在内的公共租赁住房、包括经济适用房在内的政策性产权房和各类棚户区改造安置房等实物住房保障，以及租金补贴。数据表明，2013—2016 年，中国建成城镇保障性安居工程住房、棚户区改造和公租房 2485 万套。此外，中国还改造农村地区建档立卡贫困户危房 158 万户。按照《“十三五”推进基本公共服务均等化规划》，到 2020 年，城镇棚户区住房改造将累计达到 2000 万套；建档立卡贫困户、低保户、农村分散供养特困人员、贫困残疾人家庭等 4 类重点对象农村危房改造将达到 585 万户。

水和电是满足基本生活水准的最基础条件。中国政府一直重视并致力于改善贫困群体的饮用水安全和电力供给，并取得了突出成效。"十二五"（2011—2015 年）期间，中国贫困地区共安排中央水利投资 2375 亿元，占中央水利投资总规模的 31.7%，累计解决 1.15 亿贫困地区农村居民和学校师生饮水安全问题，农村集中式供水覆盖率提高到 75% 以上。已开工的 85 项重大节水工程中，有 60 项惠及贫困地区，总投资达 5600 亿元。贫困地区共完成 7700 多座病险水库和大中型病险水闸除险，新建或加固江河堤防 3900 余公里，新增中小河流治理河长 1.45 万公里。从 2016 年开始，中国启动实施农村饮水安全巩固提升工程，目标是到 2020 年，中国农村集中供水率达到 85% 以上，自来水普及率达到 80% 以上，水质达标率整体有较大提高，千吨万人以上工程供水保证率不低于 95%，小型工程供水保证率不低于 90%，城镇自来水管网覆盖行政村的比例达到 33%，进一步健全供水工程运行管护机制，逐步实现良性可持续运行，全面解决贫困人

2013 年 9 月，河南省社旗县郝寨镇郝寨村小学的孩子们用上了清洁卫生的深井自来水。

口饮水安全问题。2020年后，中国将持续加强饮用水水源保护，完善工程长效运行管护机制，进一步提升农村饮水安全保障水平，确保到2030年实现人人普遍和公平获得安全和负担得起的饮用水。

在电力资源供给方面，中国自1998年实施第一期农网改造至2015年，国家电网累计完成110千伏及以下农网投资1.15万亿元，解决了749.6万无电人口的通电问题，“十二五”末全面实现经营区内“户户通电”，农村供电质量显著提高，少数民族和边疆地区电网得到加强，农村地区电气化水平持续提升。同时，南方电网也累计完成110千伏及以下农网投资2298.78亿元，解决了152万无电人口的通电问题，并在2013年实现经营区“户户通电”。2012年至今，273万人口真正告别了无电时代，上千万人口用上了可靠的动力电。2016年，新一轮农网改造升级工程启动，农村电网建设全面提速，改造后农村用电保障能力将大幅提高。2016年完成配电网投资3117亿元，同比增长32.8%，增速逐年提高，拉动全国电网投资增长16.6个百分点；中低压配电网投资占电网投资的比重为42.7%。电网企业实施精准扶贫、精准脱贫，因乡因族制宜、因村施策、因户施法，扶到点上、扶到根上。从5.4万个贫困自然村、1080万人口的贫困村通动力电工程，到总投资约1900亿元的全国小城镇、中心村农网改造升级和农村机井通电工程，新一轮农网改造升级工程是全面实现户户通电后，惠及贫困人口和农村的能源普遍服务升级加码工程。

从以下一名农电工的自述中，我们能够清晰看到改革开放40年来农村用电大变迁。从“煤油灯”到“电灯”，实现了家家通电、用得起电，不断改善的农网设备充分保障了农户们的生活用电需求：

我是安徽省宿州市灵璧县的一名农电工，在灵璧县这个全国农网改造、农电体制改革的发源地，见证了改革开放40年来农村用电的大变化。

1978年前，我们全镇只有镇上机关、学校用上了电，乡村都在望“电”兴叹。那时，我们用墨水瓶做的煤油灯照明，从堂屋到厨房，端灯要用手遮挡着，生怕被风刮灭了。

1986年秋天，灵璧县实施乡乡通电工程，我们村结束了无电的历史。尽管当时只给每户安装两个灯头，但让我着实高兴了几个月。通电数年，村民用电只是“点个电灯照个亮”，很多人家还是连黑白电视机都没有。

1996年实现村村通电那会儿，低压线路只架设到村头，往村庄里的线路是农民自己买电线一户串一户连接的，乱得像蜘蛛网，一刮风下雨就停电，而且安全隐患不断。加上电价很高，最高涨到每度电1.5元，一些村民又把煤油灯点了起来。

针对农村用电现状，国网灵璧县供电公司率先进行农网整改。改造后，由供电站实行“四到户”管理，即抄表到户、收费到户、销售到户、服务到户，公示每户每月用电情况，到户电价每度电下降到0.84元以下。伴随成效的逐步凸显，灵璧供电公司创造的“贷款整改、差价还贷、限期降价”的成功经验，很快在全国推广。

近几年，随着扶贫工作的逐步深入，农民手里都有了钱，彩电、电冰箱、空调、洗衣机也进入大部分百姓家，用电量迅猛增长，特别是夏季，变压器“小马拉大车”超负荷现象严重。

记得在2007年，我们这里进行了新农村电气化村建设工程，我们镇有4个村搭上了“新农村电气化建设”这趟车。改造没让老百姓出一分钱，全是供电企业投资的。电网改造后，大功率电器能正常使用了。出了故障，只要农户打个电话，我们供电所的电工就去维修。农电工开始成为农户的“电保姆”。

转眼间，这轮农网大规模改造、升级已过了20多年。2016—2017年，国家电网公司实施新一轮农网改造升级工程“两年攻坚战”工程，包括机井通电、中心村电网升级、村村通动力电等三个专项工程，单单宿州一个市就有200多个项目，总投资4个多亿元，这在20多年前估计想都不敢想。①

2017年6月，西藏新一轮农村电网改造升级工程进入全面施工阶段，以进一步完善西藏农村电网网架，帮助藏区农牧民用上稳定的国家电网电力。图为西藏山南市浪卡子县，电力工人在海拔5200米的高原施工。

① 马加坤：《一名农电工的自述——改革开放40年 农村用电大变迁》，人民网2018年4月2日，http://ah.people.com.cn/n2/2018/0402/c358346-31415247.html。

二、社会保障权利保障的中国实践[①]

新中国成立后，特别是经过改革开放以来40年的建设与完善，中国社会保障事业取得了许多进展，初步建立了世界上规模最大的符合现阶段中国社会实际的社会保障体系，解决了群众的基本生活需求问题，提升了民众的获得感。2016年11月，国际社会保障协会（ISSA）授予中国政府第二届社会保障突出贡献奖，以肯定和表彰中国为世界社会保障事业发展作出的突出贡献。

（一）社会保障体系不断优化

社会保障覆盖范围持续扩大。中国加快实施全民参保计划，积极开展扩面征缴工作，建立起了世界上覆盖人群最多的社会保障制度。截至2018年底，基本养老、失业、工伤、生育保险参保人数分别达到9.42亿人、1.96亿人、2.39亿人、12.04亿人，分别比2013年末增加12273万人、3226万人、3971万人、4003万人。基本医疗保险覆盖人数超过13亿人，全民医保基本实现。中国在扩大社会保险覆盖面方面取得的成就得到国际社会的充分肯定和高度评价，国际社会保障协会授予中国政府“社会保障杰出成就奖”。

基金规模不断扩大，安全性进一步提高。2018年，各项社会保险基金总收入合计5.6万亿元，同比增长15.28%；基金总支出合计4.87万亿元，同比增长16.08%。截至2017年底，五项基金累计结余7.6万亿元，抗风险能力得到增强。基本养老保险基金投资运营稳步推进，截至2019年6月，18个委托省（区、市）签署的8630亿元委托投资合同中已有

① 以下数据、实例主要源自：《中国健康事业的发展与人权进步》白皮书，北京：人民出版社，2017年。人社部：《我国社会保险事业改革发展成就举世瞩目》，人民网2017年5月25日，http://politics.people.com.cn/n1/2017/0525/c1001-29300455.html。

7062 亿元到账投资运营。同时，中国不断健全基金监管制度体系，推进基金监督行政执法与刑事司法衔接，加大对违法犯罪行为的惩处力度，确保基金安全。

经办服务水平进一步提升。深入推进“多证合一”登记制度改革，推动社保经办业务与“互联网 +”技术深度融合。加快推进全国统一的社会保险公共服务平台建设。积极推进社会保障“一卡通”建设，截至 2019 年 6 月底，全国社保卡持卡人数 12.77 亿人，社保卡普及率 91.5%。累计签发电子社保卡 2140 万张。“12333”电话咨询服务实现了地市覆盖，人民群众享受到了更加方便、快捷、高效的服务。社会保险转移接续更加顺畅，2016 年全国基本医疗保险关系跨统筹地区转移接续 190 万人次，比 2012 年增加 100 万人次。目前，在国家异地就医结

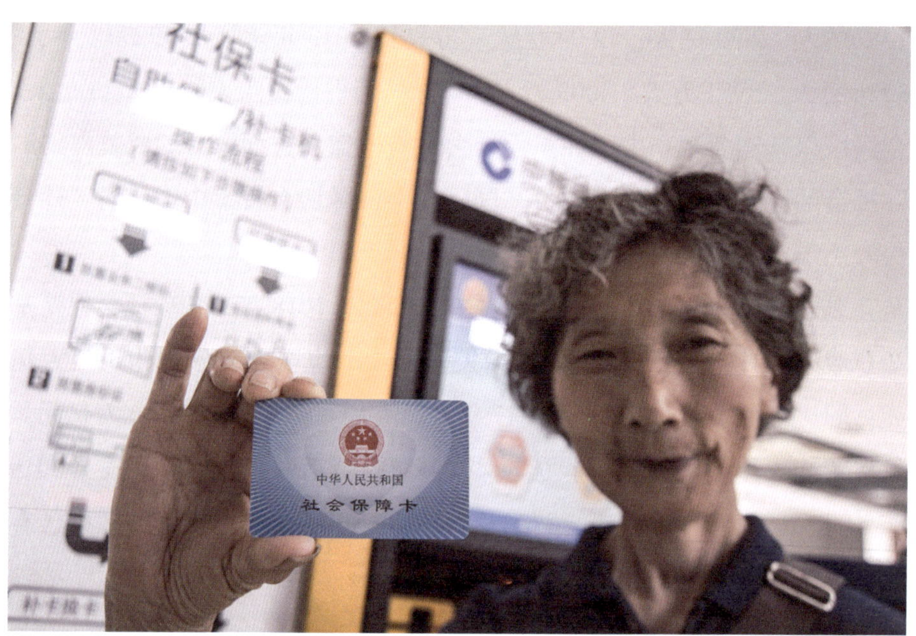

中国建立了世界上覆盖人群最多的社会保障制度，推动世界社保覆盖面拉高 11 个百分点。图为江苏省南通市海安县，一位老人开心地展示刚刚通过自助设备办理的社保卡。

算平台上备案的人员超过 210 多万人，近 9000 家医疗机构并入联网，为广大参保人员提供服务。每天在这个国家平台上实现直接结算的超过 1600 多人次，参保者每次住院少垫资 1.6 万元。

（二）医保水平不断提升

中国大力推进医疗保障体系建设，形成以基本医疗保障为主体，其他多种形式补充保险和商业健康保险为补充的多层次、宽领域、全民覆盖的医疗保障体系，初步实现了人人享有基本医疗保障。

基本医疗保险实现全覆盖。以职工基本医疗保险、城镇居民基本医疗保险和新型农村合作医疗为主体的全民医保初步实现。截至 2018 年底，全国基本医疗保险参保人数 134459 万人，参保覆盖率稳定在 95% 以上，基本实现人员全覆盖。2016 年，国家正式启动城镇居民基本医疗保险和新型农村合作医疗两项制度整合，统一覆盖范围、统一筹资政策、统一保障待遇、统一医保目录、统一定点管理、统一基金管理，逐步在全国范围内建立统一的城乡居民基本医疗保险制度，实现城乡居民公平享有基本医疗保险权益。

基本医疗保险保障能力和可持续性进一步增强。2018 年，全年职工基本医疗保险基金收入和支出分别为 13259.28 亿元和 10504.92 亿元，比 2012 年分别增加 4212 亿元和 3419 亿元，年均增长率分别为 15.7% 和 15.6%；全年城乡居民基本医疗保险基金收入和支出分别为 6973.94 亿元和 6284.51 亿元，比 2012 年分别增加 1934 亿元和 1805 亿元；全年新型农村合作医疗保险基金收入 856.89 亿元，支出 818.22 亿元。2019 年，城乡居民医保人均财政补助标准新增 30 元，达到每人每年不低于 520 元。

基本医疗保险支付方式改革有序推进。全国 70% 以上地区积极探索按病种付费、按人头付费、按疾病诊断相关分组（DRGS）付费等支

2003 年，新农合人均筹资水平仅有 30 元；2017 年，城乡居民基本医保人均财政补助标准提高到 450 元。图为医院医保收费窗口。

付方式。加快推进基本医疗保险全国联网和异地就医直接结算工作，继续推广就医“一卡通”。全国已基本实现参保人员统筹区域内医疗费用直接结算和省内异地就医住院费用直接结算。顺利开展跨省异地就医住院医疗费用直接结算联网接入工作，全国所有省份（含新疆生产建设兵团）、所有统筹地区已全部接入国家基本医疗保险异地就医结算系统。截至 2019 年 4 月底，跨省异地就医定点医疗机构数量为 16761 家。自 2017 年 1 月启动以来，累计实现跨省异地就医直接结算 225 万人次，医疗费用 539.6 亿元。

城乡居民大病保障机制不断完善。全面实施城乡居民大病保险，以解决大额医疗费用问题为切入点，不断完善和提高针对重特大疾病的医疗保障制度。截至 2015 年底，城乡居民大病保险已覆盖所有城乡居民基本医疗保险参保人。2018 年，大病保险覆盖城乡居民超过 10.5 亿人，推动各省大病保险政策规定的支付比例达到 50% 以上，受益人员的实际报销比例提高 10—15 个百分点。

医疗救助机制成效显著。医疗救助政策框架基本建立，医疗救助与城乡居民大病保险有效衔接，医疗救助标准和救助水平的城乡统一逐步实现。医疗救助对象范围从过去的城乡低保对象和特困人员，逐步拓展到贫困人口、低收入家庭成员和因病致贫家庭中的重病患者。各级工会积极组织开展职工医疗互助活动，对患重大疾病的职工进行帮扶，减轻患病职工经济负担。近年来，中央财政持续加大医疗救助补助资金投入力度，2019 年中央财政投入 245 亿元，较上年增加 10 亿元。被救助对象在年度救助限额内住院救助的比例普遍达 70% 以上。医疗救助服务更加便利可及，93% 的地区实现了医疗救助与医疗保险费用“一站式”结算。2013 年起，国家建立疾病应急救助制度，通过设立疾病应急救助基金，对需要紧急救治但身份不明或身份明确、无力支付医疗费用的患者进行救治。截至 2017 年底，累计救助患者近 70 万人次。

基本医疗保险待遇水平逐步提高。目前，职工医保和居民医保政策范围内住院费用支付比例分别达到 80% 以上和 70% 左右，统筹基金最高支付限额分别达到当地职工年平均工资或居民年人均可支配收入的 6 倍左右。2017 年，新型农村合作医疗门诊和住院费用的报销比例分别稳定在 50% 和 70% 左右。《国家基本医疗保险、工伤保险和生育保险药品目录（2017 年版）》西药、中成药部分共收载药品 2535 个，比旧版目录增加 339 个，增幅约 15%，基本涵盖了《国家基本药物目录（2012 年版）》中的治疗性药品。对部分具有重大临床价值且价格高昂的专利独家药品，政府组织医保药品谈判，准入 36 个药品，治疗领域覆盖多种恶性肿瘤、部分罕见病及慢性病。新增部分医疗康复项目纳入基本医疗保险支付范围。

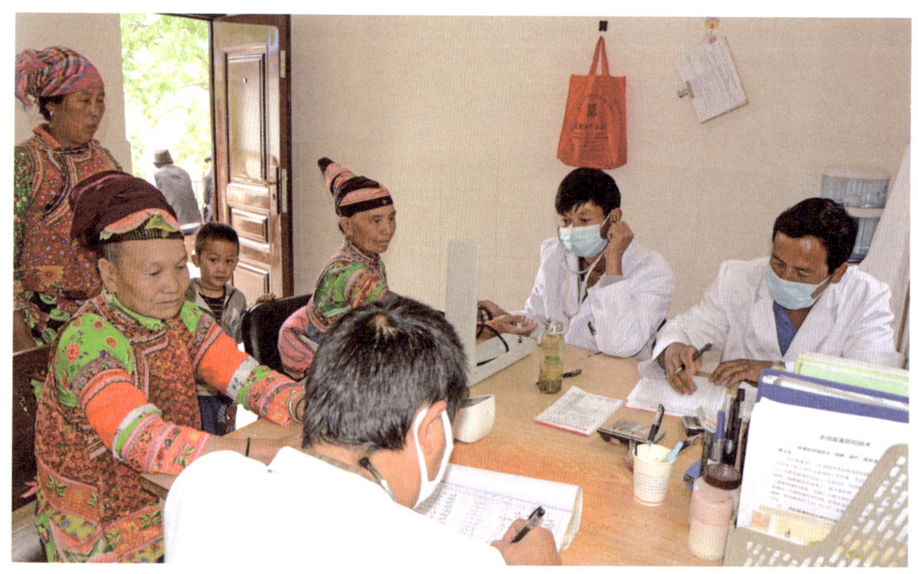

云南省大理州巍山县大仓镇新胜村卫生室，乡村医生正在给彝族群众看病。近年来，中国各地不断改善乡村医疗条件，以保障老百姓就近就医。

农村贫困人口医疗保障水平逐步提高。2016 年，国家开始实施健康扶贫工程。对农村贫困人口实现城乡居民医保、大病保险全覆盖，农村贫困人口政策范围内住院费用报销比例提高 5 个百分点。组织动员全国 80 多万工作人员，面向因病致贫返贫家庭，精准调查核查发病率高、费用高、严重影响生产生活能力的 93 种重点病种，建立起健康扶贫工作台账和数据库。2017 年以来，国家实施农村贫困人口大病集中救治，纳入集中救治范围的病种从 9 个逐步扩大到 25 个。截至 2019 年 4 月底，全国已救治 65.2 万人，累计救治 253.8 万人次。实行精准的大病保险倾斜性支付政策，对农村贫困人口在起付线、报销比例、封顶线等方面给予重点倾斜。推进农村贫困人口县域内住院先诊疗后付费和“一站式”即时结算。安排全国 889 家三级医院承担对口帮扶任务，对所有贫困县 1149 家县级医院实现帮扶全覆盖。

（三）养老保险水平不断提升

城镇企业参保退休人员基本养老金水平大幅度提高。2005 年至 2018 年，国家连续 14 年每年都统一调整企业退休人员基本养老金，并在普遍调整的同时，注意向高龄退休人员适当倾斜。经过连续调整，全国企业退休人员月人均基本养老金从 2012 年的 1686 元提高到 2016 年的 2362 元，增加了 676 元，年均增长 8.8%。从 2016 年起，已连续 4 年统一安排、同步调整企业和机关事业单位退休人员基本养老金，统一采取定额调整、挂钩调整与适当倾斜相结合的调整办法，其中，定额调整体现社会公平，同一地区各类退休人员调整标准基本一致；挂钩调整体现“多缴多得”“长缴多得”的激励机制，使在职时多缴费、长缴费的人员多得养老金；适当倾斜体现重点关怀，主要是对高龄退休人员和艰苦边远地区退休人员等群体予以照顾。2014 年 7 月国务院首次统一提高

江西省婺源县紫阳镇梅林村年过八旬的汪奶奶，通过农村远程自助柜员机，很方便地领取到了自己的养老金。

全国城乡居民基本养老保险基础养老金最低标准，从每人每月 55 元提高到 70 元；自 2018 年 1 月起，又提高至 88 元。全国 30 个省（自治区、直辖市）及新疆生产建设兵团、2835 个县（市、区）在此基础上提高了本地基础养老金标准。2017 年底，城乡居民月人均养老金约为 125 元，其中月人均基础养老金达到 111 元，城乡居民月人均养老金水平到 2018 年底有望突破 150 元。

2018 年末全国基本养老保险参保人员共计 94293 万人，比 2014 年末增加 10061 万人。2018 年末全国参加城镇职工基本养老保险人员为 41902 万人，比 2014 年末增加 7778 万人。其中参保职工 30104 万人，参保离退休人员 11798 万人，分别比 2014 年末增加 4573 万人和 3205 万人。2018 年末城乡居民基本养老保险参保人员 52392 万人，比 2014 年末增加 2285 万人。其中实际领取待遇人员 15898 万人，比 2014 年末增加 1585 万人。

（四）失业、工伤、生育保险水平不断提升

全国月平均失业保险金水平由 2014 年的 852 元提高到 2018 年的 1266 元，增长 414 元。2016 年 8 月，经国务院常务会议审议通过，发展改革委会同有关部门印发《关于进一步完善社会救助和社会保障标准与物价上涨挂钩联动机制的通知》（发改价格规〔2016〕1835 号），根据 CPI 指数变化，按照规定对领取失业保险金人员发放价格临时补贴。2018 年全年失业保险基金收入 1171 亿元，基金支出 915 亿元，年末基金累计结存 5817 亿元。2018 年末全国参加失业保险人员为 19643 万人，比 2014 年末增加 2600 万人。全年全国共向 452 万失业人员发放不同期限的失业保险金， 年末全国领取失业保险金人员为 223 万人，比 2014 年末增加 16 万人。

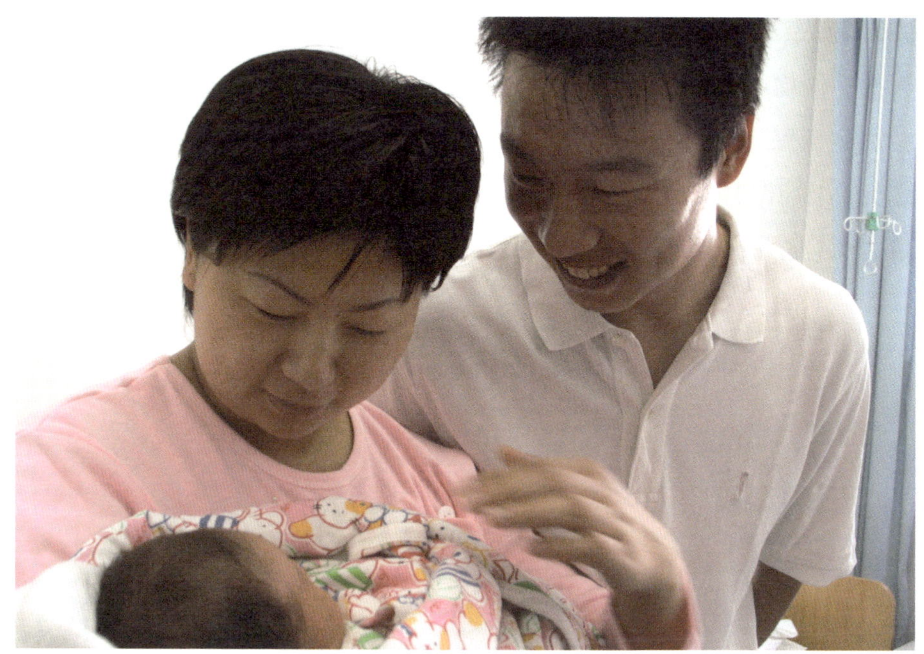

越来越多的育龄妇女享受到了生育保险待遇。图为 2005 年 7 月 6 日，北京市第一个享受生育保险的职工王辉与爱人常文刚抱着刚出生的宝宝。

2018 年因工死亡职工的一次性工亡补助金标准达到 72.8 万元，比 2014 年（53.9 万元）提高了 18.9 万元。2018 年全年工伤保险基金收入 913 亿元，比 2014 年增加 218 亿元；2018 年全年基金支出 742 亿元，比 2014 年增加 182 亿元。2018 年末基金（含储备金 294 亿元）累计结存 1785 亿元。2018 年末全国参加工伤保险人员为 23874 万人，比 2014 年末增加 3235 万人。其中参加工伤保险的农民工为 8085 万人，比 2014 年末增加 4014 万人。2018 年全年享受工伤保险待遇人员为 199 万人，比 2014 年增加 1 万人。

"两孩"政策的出台，使得越来越多的育龄妇女享受到了生育保险待遇。截至 2017 年底，全国参保人数约 1.93 亿人，比 2012 年底增加

3871万人，享受生育保险待遇人次1113万人次，比2012年增加760万人次；人均待遇水平18126元，比2012年增加6839元。2018年，全国参加生育保险20434万人，比上年增长5.9%。生育保险基金收入781.1亿元，比2014年增长335.1亿元；基金支出762.4亿元，比2014年增长394.4亿元；当期结存18.7亿元，累计结存581.7亿元。

图1-2：2012—2017年社会参保人数

单位：万人

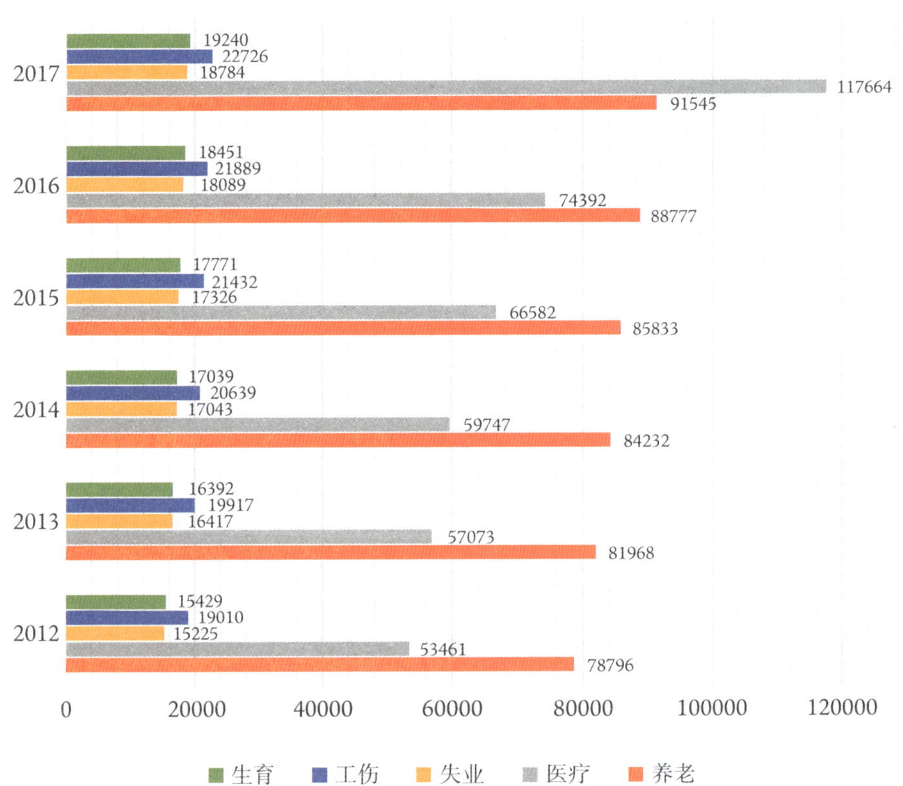

第三节
坚持发展导向：充分保障工作权利、财产权利、受教育权利

一、工作权利保障的中国实践[①]

将工作、劳动确立为一项人权，是维护人的尊严、实现人的全面发展的必然要求。一直以来，中国高度重视和维护劳动者的工作权利，通过加入和履行国际公约，完善国内立法，实施积极的保护、促进政策，不断提升劳动者工作权利的保障水平。

（一）法律体系不断完善

《中华人民共和国宪法》第四十二条明确规定："中华人民共和国公民有劳动的权利和义务。国家通过各种途径，创造劳动就业条件，加强劳动保护，改善劳动条件，并在发展生产的基础上，提高劳动报酬和福利待遇。劳动是一切有劳动能力的公民的光荣职责。国有企业和城

① 以下数据主要源自：《〈国家人权行动计划（2012—2015 年）〉实施评估报告》；《人社部举行 2017 年第二季度发布会》，国务院新闻办公室网站 2017 年 7 月 28 日，http://www.scio.gov.cn/xwfbh/gbwxwfbh/xwfbh/rlzyhshbzb/Document/1559873/1559873.htm。

乡集体经济组织的劳动者都应当以国家主人翁的态度对待自己的劳动。国家提倡社会主义劳动竞赛，奖励劳动模范和先进工作者。国家提倡公民从事义务劳动。国家对就业前的公民进行必要的劳动就业训练。”第四十三条亦提及：“中华人民共和国劳动者有休息的权利。国家发展劳动者休息和休养的设施，规定职工的工作时间和休假制度。”宪法对于工作权利的确认，奠定了中国工作权利保障的坚实基础。

以宪法为依据，我国颁行了《中华人民共和国劳动法》《中华人民共和国劳动合同法》《中华人民共和国工会法》《中华人民共和国公务员法》《中华人民共和国劳动争议调解仲裁法》《中华人民共和国就业促进法》等法律，以及《职工带薪年休假条例》《残疾人就业条例》《劳动保障监察条例》《女职工劳动保护特别规定》《重大劳动保障违法行为社会公布办法》《机关事业单位工作人员带薪年休假实施办法》《企业职工带薪年休假实施办法》等法规、规章，由此形成了以宪法为基础，以劳动法、劳动合同法为核心的包括专项劳动法律、行政法规、部门规章、地方法规和地方政府规章等多元法律规范在内的多层次的法律体系。

（二）就业权利得到有效保障

就业是劳动者实现其工作权利的重要内容和前提，长期以来，解决就业问题一直是中国经济、社会政策关注的重点。近年来，通过颁行各项就业促进和保障措施，中国就业人口稳步增长，失业率得到了有效控制。在经济增速换挡、劳动年龄人口总量依然庞大的大背景下，全国就业人员总量保持平稳增长。城镇就业人员从 2013 年末的 3.82 亿人增加到 2018 年末的 4.34 亿人，年均增加 1036 万人。5 年间，城镇新增就业人数年均超过 1300 万人，累计新增就业超过 6500 万人。城镇登记失业率保持在 4.1% 以下的较低水平，2018 年末为 3.8%，为 2008 年金融危

2018 年 11 月 12 日，广西第五届农民工技能大赛决赛在南宁举行，大赛旨在提升农民工技能，实现高质量就业。

机以来的最低点。31 个大城市城镇调查失业率也保持低位运行。就业岗位供大于求，就业市场整体活跃，人力资源供求关系基本平衡。

重点群体就业得到倾斜保障。高校毕业生就业水平总体稳定。启动实施三年百万青年见习计划、青年就业启航计划，促进高校毕业生就业创业。深入实施高校毕业生“三支一扶”计划，2018 年选派 2.8 万人到基层从事支教、支农、支医和扶贫等服务。农村劳动力转移就业平稳增长，农民工综合素质显著提升。全国农民工总量从 2012 年末的 2.63 亿人增加到 2018 年末的 2.88 亿人。2018 年全国农民工中高中以上文化程度农民工占比为 27.5%，比 2012 年提高 3.8 个百分点。注重精准施策，通过劳务协作试点、技能脱贫、创建就业“扶贫车间”等多种形式，促进农村贫困劳动力转移就业。2012—2016 年，累计帮扶城镇失业人员再就业 2790 万人，就业困难人员实现就业881万人，帮扶28万户零就业家庭中每户至少1人就业，实现零就业家庭动态清零。2018年全年，全国又帮助4.9万户零就业家庭实现每户至少一人就业。截至2018年末，累计帮扶988万农村建档立卡贫困劳动力实现就业。随着大众创业、万众创新蓬勃发展，市场主体大量涌现，创业成为带动就业增长的重要源泉。落实和完善各项创业优惠政策，加强创业服务和创业培训，推进创业孵化示范基地建设，大力支持大学生、农民工、科研人员等群体创业，大众创业、万众创新的社会氛围日益浓厚，创业带动就业的倍增效应不断显现。近年来农民工返乡创业累计超过450万人，2016年登记的大学生创业人数达到61.5万人。

就业服务和就业质量不断提升。推进公共就业服务体系建设，实施"互联网+公共服务"，整合人力资源市场，加快发展人力资源服务业，提升公共就业服务能力，劳动力市场供需匹配效率进一步提高。实施职业培训

北京中关村创业大街，在创业孵化器中工作的创业者。自2014年6月开街以来，这里已成为中国"大众创业、万众创新"的风向标。

行动计划，开展企业新型学徒制培训试点，2012 年以来累计约 1 亿人次接受政府补贴职业培训，劳动者素质进一步提高，就业稳定性逐步增强。

（三）劳动收入逐步增加

国有企业负责人薪酬制度改革深入实施，工资集体协商稳步推进，最低工资制度逐步完善，企业自主分配、平等协商确定的工资决定和增长机制初步形成。机关事业单位工资和津贴补贴制度逐步健全。2012—2018 年，分别有 25 个、27 个、19 个、27 个、9 个、20 个、15 个地区调整了最低工资标准。2018 年，城镇非私营单位就业人员年平均工资达 82461 元，城镇私营单位就业人员年平均工资达 49575 元，初步实现了工资增长与劳动生产率提高基本同步，劳动报酬在初次分配中的比重稳步提高。行业、地区、群体工资差距逐步缩小。

图 1-3：2007—2018 年城镇非私营单位就业人员年平均工资及名义增速

数据来源：国家统计局

图 1-4：2009—2018 年城镇私营单位就业人员年平均工资及名义增速

数据来源：国家统计局

（四）安全生产条件不断改善

近年来国家越来越重视安全生产工作，通过一系列措施的出台、实施，大力提升整体安全生产水平，创造良好稳定的安全生产环境。2012 年，国家安全生产监督管理总局发布《关于进一步加强国家安全生产应急平台体系建设的意见》，国家和 20 个省（区、市）、部分市、重点县及高危行业大型企业分别建立安全生产应急平台，实现国家平台与 13 个省级应急平台、7 支国家矿山应急救援队应急平台的互联互通。与 2012 年相比，2017 年全国各类事故起数和死亡人数分别下降 33.9% 和 22.2%，重特大事故起数和死亡人数分别下降 57.6% 和 62.8%。2018 年，我国重特大事故起数和死亡人数分别下降 24% 和 33. 6%。2013 年，全国人大常委会审议通过《特种设备安全法》。2014 年我国特种设备总量突破千万台，截至 2018 年底，全国特种设备总量达 1394.35 万台。2011—2018 年，特种设备

安徽淮北矿业童亭煤矿邀请职业病防治专家走进矿区，向矿工传授煤矿职业病防治常识和劳动保护用品的正确使用方法。

死亡人数连续8年控制在300人以内，万台特种设备死亡率从2010年的0.67下降到2017年的0.22，特种设备安全状况达到中等发达国家水平。有关部门修订《职业病诊断与鉴定管理办法》《职业病危害因素分类目录》，制定《工作场所职业卫生监督管理规定》等5部规章、《职业健康检查管理办法》和新增职业病诊断标准，发布《石材加工工艺防尘技术规范》等70余项职业卫生技术标准。在金矿开采、水泥制造、石材加工、木制家具制造等职业病危害严重领域开展粉尘及毒物专项治理行动。

（五）劳动者权益得到保障

修订《劳动合同法》，规范劳务派遣，出台《女职工劳动保护特别规定》等规章制度，劳动关系法律体系进一步健全。劳动合同签订率和履行质量不断提高。实施集体合同制度攻坚计划，截至2018年末，全国经人

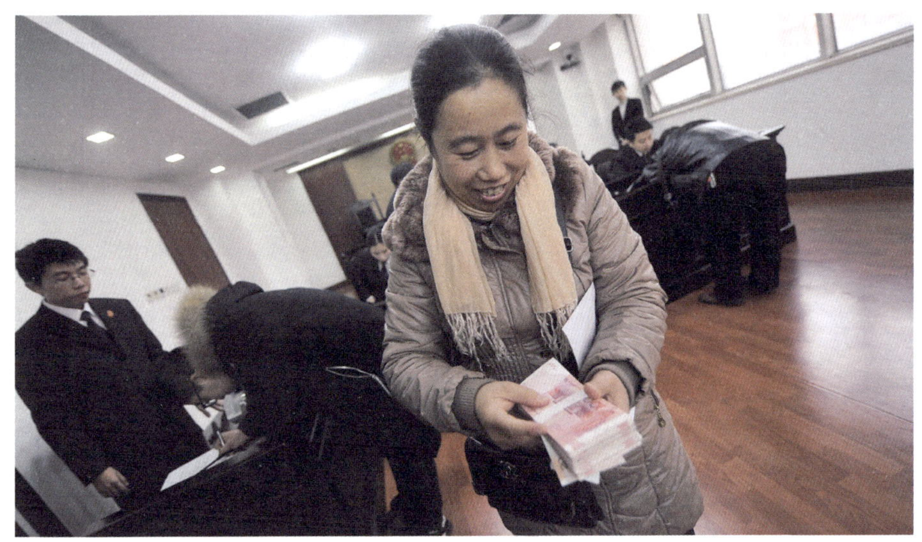

2017 年 12 月，北京东城法院，外来务工人员脸上洋溢着满意的笑容，从法官手里接过拖欠工资。

社部门审查并在有效期内的集体合同累计为 175 万份，覆盖职工 1.55 亿人。协调劳动关系三方机制逐步健全，县级以上普遍建立三方机制。指导和督促用人单位依法落实女职工特殊劳动保护、禁止使用童工、职工带薪年休假和工作时间的规定，职工劳动条件逐步改善。

修订劳动人事争议仲裁办案规则和组织规则，完善仲裁办案制度。加大劳动争议调解力度，推进仲裁机构实体化建设。2012—2018 年间，全国共处理劳动人事争议案件 1154.9 万件，涉及劳动者 1460.6 万人，涉案金额 2517亿元，仲裁结案率保持在90%以上，依法公正维护了当事人的合法权益。

深入贯彻落实《关于全面治理拖欠农民工工资问题的意见》，健全工资支付保障长效机制。劳动保障监察“两网化”管理基本实现了地级城市全覆盖，并逐步向基层延伸。建立拒不支付劳动报酬犯罪案件行政执法与刑事司法衔接制度。推进省级劳动保障监察举报投诉案件联动处理机制，推广随机抽查规范事中事后监管。2012—2018 年间，全国各级劳动保障监察机构共主动检查用人单位 1300.8 万户次，办结各类劳动保障违法案件 229.3 万件，督促用人单位与 2510.3 万名劳动者补签劳动合同，为劳动者追发工资等待遇 1997.2 亿元，补缴社会保险费 175.7 亿元。

二、财产权利保障的中国实践[①]

财产权是指自然人、法人或其他组织作为权利主体享有的财产利益内容的权利，包括私有财产权和公有财产权。财产保障着人的衣、食、住、行，维系着人的基本生存，是基本权利中最为重要的组成部分。近年来，中国在财产权保障方面业已取得一系列成就。

（一）法律保障体系逐步健全

继 2004 年宪法修改、2007 年《物权法》出台后，我国现已形成了以宪法为中心，由《中华人民共和国物权法》《中华人民共和国土地管理法》《中华人民共和国农村土地承包经营法》《中华人民共和国公司法》《中华人民共和国合伙企业法》《中华人民共和国商标法》《中华人民共和国著作权法》《中华人民共和国专利法》等法律以及《国有土地上房屋征收与补偿条例》等行政法规构成的一套财产权法体系。此外，针对企业财产权，特别是民营企业财产权，我国也出台了一系列规范性文件。如最高法院 2015 年 8 月颁布了《关于审理民间借贷案件适用法律若干问题的规定》，有条件地认可了企业间的民间借贷，既适当缓解了企业“融资难”“融资贵”等顽疾，也维护了民营企业自主经营权，保护企业法人人格完整。2016 年 11 月 27 日，中央全面深化改革领导小

① 刘晓光：《2017 中国居民收入再创新高！机遇之余也存“两难”》，2018 年 2 月 26 日，http://news.163.com/18/0226/11/DBIM4H7E00018AOR.html，2018 年 3 月 13 日。

组公布《关于完善产权保护制度依法保护产权的意见》，对完善产权保护制度、推进产权保护法治化相关工作进行了全面部署与安排。

（二）居民收入较快增长

据国家统计局公布的31个省份2017年居民人均可支配收入数据，2017年中国居民收入增长呈现三大亮点：一是居民收入水平再上新台阶，2017年中国居民人均可支配收入达到26000元，比2010年增长了110%，扣除价格因素影响，比2010年实际增长了74.4%，部分地区居民收入水平更高，例如北京和上海居民人均可支配收入接近60000元；二是居民收入增速出现逆转，2017年居民人均可支配收入名义增速和实际增速分别为9.0%和7.3%，比2016年增速分别提高了0.6和1.0个百分点，逆转了自2011年以来收入增速持续下滑的趋势；三是居民收入实际增速超过GDP实际增速，2017年居民人均可支配收入实际增速比GDP和人

图1-5：全国居民人均可支配收入及增长比

单位：元

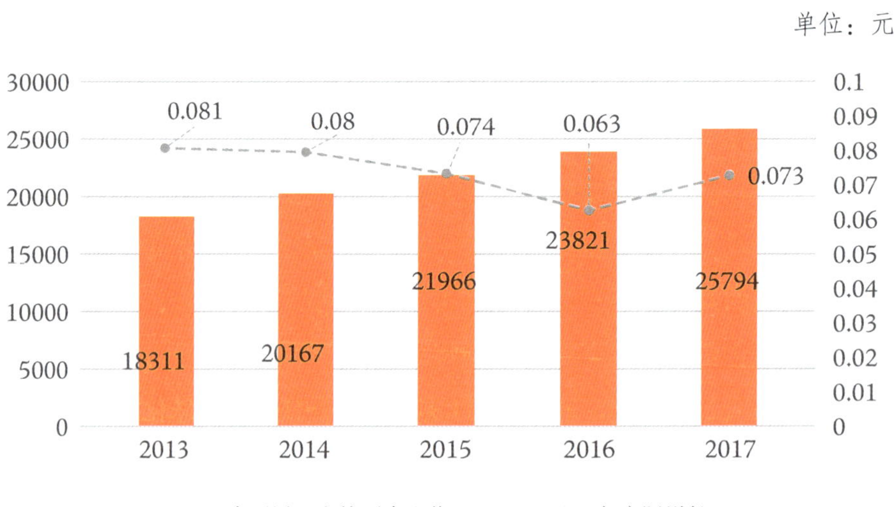

均 GDP 增速分别高出 0.4 和 1.0 个百分点，2017 年中国居民工资和经营性收入增速比 2016 年增速分别提高 0.7 和 0.1 个百分点，财产净收入和转移收入更是实现了两位数增长，达到 11.6% 和 11.4%。工资收入的提高，除了经济基本面改善的因素，还得益于行政事业单位的工资改革、最低工资标准和企业工资指导线的上调，而转移收入的高速增长更是来源于改善民生和扶贫政策力度的加大，包括医保的普及和低保标准的提高。

（三）知识产权司法保护逐步完善[①]

知识产权司法保护逐步完善。《2017 年中国知识产权保护状况》白皮书显示，2017 年全年专利行政执法办案总量达到 66649 件，同比增长 36.3%；行政执法机关共查处各类侵权假冒案件约 20 万件。国家版权局加大版权行政执法力度，强化网络领域版权监管，打击各类侵权盗版行为，关闭侵权盗版网站 2554 个，删除侵权盗版链接 71 万条，立案调查网络侵权案件 543 件，会同公安部门查办刑事案件 57 件，涉案金额 1.07 亿元。全国海关共查获进出口侵权货物 19192 批次，案值 1.8 亿元，新核准知识产权海关备案 9199 件。多部门联合开展了打击网络侵权盗版的“剑网 2014”专项行动、网络版权保护及电子商务平台和移动互联网应用程序（APP）的版权整治“护航”和“雷霆”专项执法行动等，取得明显成效。此外，积极建设知识产权运营交易和服务平台。我国专利、商标申请保持全球第一，华为公司、中兴通讯等企业在国外专利布局取得重大突破，涌现出一批知识产权优势企业。2014 年以来，国家知识产权局同财政部以市场化方式开展知识产权运营服务试点，在北京建设全国知识产权运营公共服务平台，在西安、珠海建设两大特色试点平台，并通过股权投资重点

① 以下数据、实例主要源自：《〈国家人权行动计划（2012—2015 年）〉实施评估报告》。

2014 年，北京、上海、广州知识产权法院先后挂牌成立，对于加强知识产权司法保护具有重要意义。

扶持 20 家知识产权运营机构，示范带动全国知识产权运营服务机构快速发展，初步形成了“1 + 2 + 20 + n”的知识产权运营服务体系。2015 年，围绕《中国制造 2025》十大发展领域设立了知识产权运营基金，在四省设立了知识产权质押融资风险补偿基金，进一步推动形成“平台 + 机构 + 产业 + 资本”四位一体的知识产权运营发展新模式。

三、受教育权利保障的中国实践[①]

受教育权既是《世界人权宣言》《经济社会文化权利国际公约》等国际性人权文件确认和保障的一项重要的社会基本权利，也是大多数国

① 以下数据主要源自:《〈国家人权行动计划(2012—2015 年)〉实施评估报告》，北京：人民出版社，2016 年；《2016 年全国教育事业发展统计公报》；《发展权：中国的理念、实践与贡献》白皮书。

家宪法规定的宪法权利。长期以来，中国高度重视受教育权保障工作，为公民受教育权的实现提供良好的制度环境、政策支持。经过不懈努力，中国已基本实现更高水平的普及教育，形成惠及全民的公平教育，提供更加丰富的优质教育，构建体系完备的终身教育，健全充满活力的教育体制这一战略目标，人民受教育水平大幅提高。

（一）法律体系不断完善

宪法赋予了公民受教育权，第四十六条明确规定："中华人民共和国公民有受教育的权利和义务。国家培养青年、少年、儿童在品德、智力、体质等方面全面发展。"宪法对该权利的表述是原则性、概括性的，还要依靠部门法来具体实施。《中华人民共和国教育法》《中华人民共和国义务教育法》《中华人民共和国未成年人保护法》《中华人民共和国高等教育法》《中华人民共和国残疾人教育条例》《中华人民共和国行政复议法》等均对受教育权作出了明确规定。

（二）受教育权保障水平不断提升

教育总体发展水平进入世界中上行列。九年义务教育全面普及，进入均衡发展新阶段，学前三年毛入园率提前实现《教育规划纲要》2020年目标，高中阶段教育基本普及，基本公共教育服务体系和现代职业教育体系基本确立，高等教育大众化水平显著提升，继续教育持续发展，全民终身学习的态势初步形成。教育质量稳步提升，我国学生在经济合作与发展组织开展的国际学生评估项目中表现良好，我国成为国际工程联盟本科教育互认协议成员，一批高校和学科世界排名显著提升。

教育发展能力显著提升。教育投入实现历史性突破，2012年首次实现国家财政性教育经费占国内生产总值4%的目标，生均拨款制度逐步建立，各级各类学校特别是农村学校办学条件有较大改善，教师队伍素质进一步提高，教育信息化全面推进。教育对外开放水平显著提升，国际影响力稳步增强。教育体制改革取得重要进展，人才培养体制、办学体制、管理体制、评价体制、保障体制改革全面深化，一些重点领域和环节取得突破性进展。考试招生制度改革全面启动，现代教育督导体系进一步完善。

教育公平得到更好落实。城乡教育差距进一步缩小。深入推进义务教育均衡发展，统筹推进县域内城乡义务教育一体化改革发展，实施贫困地区义务教育薄弱学校改造等工程，全面改善农村义务教育学校和教学点基本办学条件。严格落实义务教育免试就近入学法律规定，推行学区制和九年一贯对口招生。2015 年，国务院印发《关于进一步完善城乡义务教育经费保障机制的通知》，建立城乡统一、重在农村的义务教育经费保障机制，惠及 1.4 亿学生，其中包括 1300 多万进城务工人员随迁子女、3000 万以上寄宿制学生、1200 万左右民办学校就读学生、500 万

2016 年 9 月 1 日，山东省邹平县临池镇三所乡村小学的 1000 余名小学生搬进了新建的中心小学。

左右小规模学校的学生和特殊教育学生。从 2011 年秋季学期起，实施农村义务教育学生营养改善计划，每年惠及 3000 多万学生。增加农村学生上重点大学的人数，自 2012 年起实施国家农村贫困地区定向招生等专项计划，2017 年通过国家、地方、高校 3 个专项计划的实施，重点高校共招收农村和贫困地区学生 103 人，较 2016 年增长 9.3%。

区域教育差距进一步缩小。提高中西部省份高考录取率，扩大“支援中西部地区招生协作计划”规模，2017 年录取率最低省份与全国平均水平的差距从 2010 年的 15.3 个百分点缩小至 4 个百分点以内。实施中西部高等教育振兴计划，中央财政加大投入力度，加强中西部高校基础能力建设，提升中西部高校综合实力。

群体教育差距进一步缩小。女性教育获得长足发展，2013 年女性 15 岁及以上文盲率为 6.7%，比 1995 年降低 17.4 个百分点，女性文盲人口比 1995 年减少 7000 多万，女性人均受教育的增幅和文盲率的下降幅度均大于男性。确保流动儿童平等接受义务教育，2017 年全国义务教育学校共接纳进城务工人员随迁子女 1406.6 万人，在公办学校就读比例保持在 80%，另有 7.5% 通过政府购买学位在民办学校就读。2016 年，国务院公布《关于加强农村留守儿童关爱保护工作的意见》和《关于加强困境儿童保障工作的意见》，维护未成年人合法权益。扩大残疾人受教育机会，基本实现 30 万人口以上且残疾儿童较多的县都有 1 所独立设置的特殊教育学校，支持建立特殊教育资源中心，鼓励普通学校接收特殊儿童，为残疾学生参加普通高考提供合理便利，促进整合教育，盲、聋、智障三类残疾儿童义务教育入学率接近 90%。健全家庭经济困难学生资助体系，实现从学前教育到研究生教育全覆盖，2017 年全国共资助各级各类学生 9590.41 万人次，比上年增加 464.27 万人次；累计资助金额 1882.14 亿元，比上年增加 11.45%，学生资助资金连续 11 年保持高速增长。

少数民族教育发展水平不断提升。中国已形成了包括民族小学、民族中学、民族职业院校、民族高等学校在内的民族教育体系。新中国成立前，中国少数民族文盲率在 95% 以上，全国仅有 1 所少数民族高等学校。新中国成立初期，全国普通高校中只有少数民族学生 1300 人，占比 1.4%。到 2015 年，少数民族和民族地区教育水平全面提高，全国少数民族在校学生达到 2595.57 万人，已有各类少数民族高等学校 32 所，少数民族本专科学生达 214.29 万人，占全国普通高校本专科在校生的比例为 8.16%。少数民族享受高等教育发展权利的水平逐步提高、范围日益扩大，实现对所有少数民族从本科教育到研究生教育的全覆盖，55 个少数民族都有了研究生，2012—2015 年，少数民族高层次骨干人才计划共招收培养 1.6 万名硕士研究生，4000 名博士研究生。

贵州省麻江县宣威镇基东村中心小学，仫佬族学生正在学唱古老的仫佬族民歌。

第二章 当中国面对公民权利和政治权利时怎么办

从半封建、半殖民地的旧中国到民主的、自由的中华人民共和国，中国人民特别是旧中国处在社会最底层的劳动人民获得了真正的公民权利、政治权利，这些权利得到了宪法的确认和保障——“中华人民共和国的一切权力属于人民”。当然，中国社会主义民主政治和法制的建设并非完全一帆风顺，在历史上亦出现过困难和坎坷。但中国在改革开放的总方针下不断努力探索，走出了一条适合中国国情的人权道路，不断提高中国人民的公民权利和政治权利保障水平。

在公民权利保障上，一方面，中国通过实施管理体制改革，推进反腐工作扎实开展，约束、规范公权力的行使；另一方面，遵照一系列国际人权公约的基本共识，结合自身实际情况，通过民事法、刑事法和行政法建立了一整套严密的保障公民人身权利的法律体系，特别是在行政、司法过程中切实保障公民人身权利。与此同时，中国长期实行宗教信仰自由的政策，保护公民和在华外国人的宗教信仰自由，平等保护信教公民和不信教公民的合法权益，依法保障信教公民正常宗教需求，尊重信教公民的习俗。为保障公民获得公正的审判权利，中国在推动一般性制度的完善、创新基础上，积极利用数据时代的新技术成果，不断优化司法服务。利用网络的便利性与及时性，建设了目前全球最大的裁判文书网；司法机关重点打造智慧法院系统，并持续进行司法便民探索，以此提升司法的可得性、公开性，促进司法公平和正义的实现。为保障公民的政治权利，中国注重通过推进政务公开、多种形式的公民参与监督机制建设，维护公民在公共事务中的知情权、参与权、表达权和监督权，同时广泛开展基层民主实践，形成了较为完整的基层民主自治体系。

第一节
不断提升公民权利保障水平

一、规范权力与反腐的中国实践[①]

保障公民权利必须构建法治政府，规范和约束公权力的行使。近年来，中国坚持法治原则，进行了一系列简政放权改革、执法体制改革，并深入推进反腐工作，公权力得到更有效的约束。

依法明确行政权力边界。近年来，中国加快推进行政机构、职能、权限、程序、责任法定化，禁止行政机关法外设定权力，把权力关进制度的笼子。深入推进行政审批制度改革，中共十八大以来，国务院部门累计取消行政审批事项 618 项，彻底清除非行政许可审批，中央指定地方实施行政许可事项目录清单取消 269 项，国务院行政审批中介服务清单取消 320 项，国务院部门设置的职业资格许可和认定事项削减比例达 70% 以上，3 次修订政府核准的投资项目目录，中央层面核准的投资项

① 以下数据、资料源于《中国人权法治化保障的新进展》白皮书，北京：人民出版社，2018 年。

目数量累计减少 90%。实施权力清单、责任清单制度，将政府职能、法律依据、职责权限等内容以权力清单的形式向社会公开，截至 2016 年，全国 31 个省级政府部门均已公布权力清单。加强规范性文件监督管理，行政机关规范性文件不得设定行政许可、行政处罚、行政强制，各类行政法规、规章和规范性文件都已纳入备案审查范围，实现“有件必备，有备必审，有错必究”。

福建省福州市的简政放权实例很好地诠释了管束行政权力对于公民和企业充分、便捷、更低成本地享有和实现权利的意义：

2014 年 3 月 10 日，福州文化旅游投资集团有限公司到福州市发展改革委办理海峡非物质文化遗产生态园 A 区项目申报事宜。“现在这属于备案项目。”审批处工作人员当场受理，立即启动办理程序，当天办结出件。这个结果让负责办理的陈经理喜出望外。他说，“要是过去，没一个星期办不下来。”这得益于福州市的简政放权，群众办事不用再到处求人。2013 年，福州市发展改革委将企业投资教育、卫生、文化、广播电视等公共服务社会事业项目由核准转为备案。据陈经理介绍，以前这个项目属于核准制，要先办理规划选址、用地预审、环评审批等手续后才能到发改委办，现在这些都可以在备案后再办理。“企业立了项，相当于得到政府的认可，企业就可以放心地做方案了。”陈经理说，招标、贷款等工作都能开展，大大缩短了企业的建设周期。“过去有些业主的要求合情合理，但制度没有改，我们也很为难”，福州市发展改革委审批处工作人员说，“现在这样更加惠民利民，方便企业做事。”据介绍，发展改革委受理企业不使用政府资金的项目主要分核准和备案两种形式，核准是事前把关，而备案侧重于事后监管。现在核准的项目越来越少，备案的项目越来越多。[①]

依法约束行政权力行使。建立权责统一、权威高效的行政执法体制。推进行政执法体制改革，在食品药品安全、工商质检、公共卫生、安全生产、资源环境、交通运输、城乡建设等领域进一步推行综合执法。完善行政执法程序，探索建立行政裁量基准制度。发布《关于深化公安执法规范化建设的意见》，全面建设法治公安，进一步细化公安执法标准和指引，完善执法监督管理体系，健全依法决策机制。截至 2017 年底，全国公安机关共有 228.54 万人次民警取得基本级执法资格，135.99 万人次民警取得中级执法资格，4.08 万人次民警取得高级执法资格。全方位开展审计工作，积极推进对公共资金、国有资产、国有资源和领导干部履行经济责任情况的审计全覆盖，定期向社会公告审计结果，充分发挥审计监督约束行政权力运行的作用。加大行政问责力度，推进责任政府建设，普遍建立行政机关内部重大决策合法性审查机制，探索建立和实施重大决策终身责任追究制度及责任倒查机制，按照“谁决策、谁负责”的原则，对超越权限、违反程序决策造成重大损失的，严肃追究决策者责任。实施《党政领导干部生态环境损害责任追究办法（试行）》，对 25 种党政领导干部生态环境损害情形实行党政同责、终身追责，提高各级领导干部保护自然生态和环境权利的责任意识。此外，中国开展行政执法公示制度、执法全过程记录制度、重大执法决定法制审核制度试点。创新行政执法方式，推广说服教育、劝导示范、行政指导、行政奖励等非强制性执法手段。规范执法言行，推行人性化执法、柔性执法、阳光执法。下述实例中柔性执法的地方性实践反映了当代人权保障的温度：

① 沈汝发：《福州市简政放权的故事》，新华网 2014 年 5 月 8 日，http://jjckb.xinhuanet.com/2014-05/08/content_503639.htm。

违章停车，恐怕是最常见的交通违章行为。对于违停，很多时候司机也是迫不得已，譬如，临时办事实在找不到停车位；因为内急停车去卫生间；停车送孩子或者等人。车主仅离开几分钟，却挨了罚单。四川眉山市交警探索柔性执法，对主城区部分路段的部分违停行为，以电话通知车主，10 分钟内驶离的不予处罚。诸如此类的柔性执法，近年来越来越多。比如，广州交警开放部分道路，准许市民夜间停车；深圳交警对于没有造成明显社会危害的，且系第一次的交通违章行为，实行“首违免罚”；安徽桐城交警对不熟悉道路的外地牌照车辆的首次轻微违法，贴“空白罚单”，上面只有警告内容……[1]

坚决惩治腐败，保障人民利益。中国共产党以零容忍态度惩治腐败，先后制定修订《关于新形势下党内政治生活的若干准则》《中国共产党廉洁自律准则》《中国共产党问责条例》《中国共产党党内监督条例》《中国共产党纪律处分条例》《中国共产党巡视工作条例》等党内法规，建立了系统性预防和惩治腐败的制度体系。中共十八大以来，5 年间共立案审查省军级以上党员干部及其他中管干部 440 人，纪律处分局级干部 8900 余人，县处级干部 6.3 万人，涉嫌犯罪被移送司法机关处理 5.8 万人。在强有力的执纪震慑下，2016 年有 5.7 万名党员干部主动交代违纪问题。自 2014 年初至 2017 年 8 月，全国共有 6100 余个单位党委（党组）、党总支、党支部，300 余个纪委（纪检组）和 6 万余名党员领导干部被问责。组织开展 12 轮中央巡视，对 277 个地方、部门和单位的党组织进行巡视，对 16 个省区市开展“回头看”，对 4 个单位进行“机动式”巡视，实现党的历史上首次一届任期内中央巡视全覆盖。中央纪委设立 47 家派驻纪检

① 湖白：《对违停柔性执法，力量也很强大》，《信息时报》2018 年 3 月 29 日，http://epaper.xxsb.com/html/content/2018-03/29/content_742483.html。

自 2015 年 4 月针对外逃腐败分子的“天网”行动启动以来，截至 2018 年 3 月，已从 90 多个国家和地区追回外逃人员 4058 人，追回赃款近百亿元人民币。图为 2017 年 8 月 31 日，“百名红通人员”刘常凯回国投案。

组，实现对 139 家中央一级党和国家机关派驻监督全覆盖。2016 年国家统计局问卷调查结果显示，人民群众对党风廉政建设和反腐败工作的满意度从 2013 年的 81% 增长到 2016 年的 92.9%。2018 年 3 月 20 日，第十三次全国人民代表大会通过了《中华人民共和国监察法》，为深入推进全面依法治国和新形势下反腐败斗争提供更坚实有力的法治和制度保障。

二、人身权利保障的中国实践[①]

人身权利是最基本的人权。对人身权利的承认、尊重和保障程度可以体现一个国家社会文明发展水平。

---

① 以下数据、实例主要源自《中国司法领域人权保障的新进展》《〈国家人权行动计划（2012—2015 年）〉实施评估报告》。

（一）完善人身权利法律保障体系

中国遵照国际共同认可的标准和中国的实际情况，建立了一套系统的人身权利保障的国内法律体系。首先，宪法从根本上明确规定了禁止侵犯公民人身权利的行为和保障公民人身权利的一般原则。现行宪法第三十七条至第三十九条规定了公民的人身自由、人格尊严、住宅自由等人身权利不受侵犯。《宪法》还规定：婚姻、家庭、母亲和儿童受国家的保护，禁止破坏婚姻自由。为了使人身自由得到有效的保护，依据宪法，我国法律还作了一系列具体规定。2017 年 3 月 15 日第十二届全国人民代表大会第五次会议通过的《中华人民共和国民法总则》将“自然人的人身自由、人格尊严受法律保护”作为公民民事权利保护的首要原则，并将人身权利所包含的人格权和身份权两方面落实为一项项具体的权利予以保障。《刑法》规定：“保护公民的人身权利、民主权利和其他权利，不受任何人、任何机关非法侵犯。违法侵犯情节严重的，对直接责任人员予以刑事处分。”《刑法》明确以保障公民人身权利为立法宗旨，将一系列严重侵犯公民人身权利的行为规定为犯罪，以国家强制力为公民人身权利设防。对于侵犯公民人身权利但恶性较小不构成犯罪的行为，以行政处罚的方式建立一整套规制办法。总之，遵照一系列国际人权公约的基本共识，结合自身实际情况，中国通过宪法、民事法、刑事法和行政法等多个维度建立了一整套严密的保障公民人身权利的法律体系。[①]

（二）不断提升犯罪嫌疑人、被告人、服刑人合法权利保障水平

完善对在押犯罪嫌疑人、被告人强制措施的解除和变更程序，减

① 张永和：《〈国家人权行动计划（2016—2020 年）〉解读》，北京：法律出版社，2017 年 6 月，第 112 页。

少羁押性强制措施适用，各级检察机关对不构成犯罪或证据不足的，依法决定不批捕或不起诉，对认为确有错误的刑事裁判依法提出抗诉。2012—2016年，全国检察机关对不需要继续羁押的12552名犯罪嫌疑人建议释放或者变更强制措施。2016年，各级检察机关对侦查机关不应当立案而立案的，督促撤案10661件；监督纠正违法取证、违法适用强制措施等侦查活动违法情形34230件；对不构成犯罪或证据不足的，不批准逮捕132081人，不起诉26670人；对认为确有错误的刑事裁判提出抗诉7185件。改善羁押和监管条件，加强看守所和监狱的建设和管理，保障被羁押人、服刑人的人身安全和其他合法权利不受侵犯。截至2017年6月，全国看守所普遍建立被羁押人心理咨询室，有2501个看守所实现留所服刑罪犯互联网双向视频会见；全国2400多个看守所建立了法律援助工作站，为在押人员提供法律帮助。截至2016年，全国看守所均建立了在押人员投诉处理机制，有2489个看守所聘请了特邀监督员。完善刑罚执行制度，健全社区矫正制度。截至2017年6月，各地累计接收社区矫正对象343.6万人，累计解除社区矫正273.6万人，现有社区矫正对象70万人。全国共建立县（区）社区矫正中心2075个，社区服务基地25278个，教育基地9373个，就业基地8272个，社区矫正小组68.7万个。社区矫正对象在矫正期间的重新违法犯罪率为0.2%。

（三）严格禁止和惩处刑讯逼供等违法取证行为

对刑讯逼供等违法违规行为的监督和检查力度加强。2012—2015年，检察机关对滥用强制措施、非法取证、刑讯逼供等侦查活动违法情形，提出纠正意见共869775次。2015年共处理检察人员违法违纪208件243人。2012年以来，检察机关继续大力查处国家机关工作人员利用职权实施的侵犯公民人身权利的犯罪案件。依法全面取证和审查判断证据的规

云南省第二女子监狱，律师为服刑人员提供法律咨询服务。

定得到严格执行。公安机关将收集的证明有罪或无罪、罪重或罪轻的所有证据归入案卷全部移送，并严格审查证据的真实性、合法性以及证明力。人民检察院对辩护律师提出的犯罪嫌疑人不构成犯罪、无社会危险性或者排除非法证据等意见都记录在案。案件侦查终结前，辩护律师提出要求的，公安机关应当听取辩护律师的意见，根据情况进行核实，并记录在案；辩护律师提出书面意见的，应当附卷。公安机关规范办案区的使用和管理，办案区与其他功能区实行物理隔离，保证犯罪嫌疑人在办案区内的饮食和必要的休息时间；犯罪嫌疑人被带到公安机关后，一律直接带入办案区，一律要有视频监控并记录。截至2015年底，各地已普遍完成执法办案场所规范化改造。

（四）严格控制和慎用死刑

继2011年《刑法修正案（八）》取消13个经济性非暴力犯罪的死刑后，2015年通过的《刑法修正案（九）》再次减少适用死刑的罪名，取消走私武器、弹药罪，走私核材料罪，走私假币罪，伪造货币罪，集资诈骗罪，组织卖淫罪，强迫卖淫罪，阻碍执行军事职务罪，战时造谣惑众罪9个罪的死刑，并进一步提高对判处死刑缓期执行的罪犯执行死刑的门槛。在死刑案件中充分保障被告人的辩护权和其他合法权益，实行死刑第二审案件全部开庭审理。最高人民法院复核死刑案件注重依法讯问被告人，听取辩护律师的意见。

（五）废除劳动教养制度

1957年8月3日，国务院公布了经过1957年8月1日全国人民代表大会常务委员会第七十八次会议批准的《关于劳动教养问题的决定》，意在管理“游手好闲、违反法纪、不务正业的有劳动力的人”。劳动教养并非《刑法》规定的刑罚，而是依据国务院劳动教养相关法规的一种行政处罚，公安机关无须经法庭审讯定罪，即可将嫌疑人投入劳教场所实行最高期限为四年的限制人身自由、强迫劳动、思想教育等措施。劳动教养制度在中国特定的历史下有积极作用，但由于存在“没有法律的明确授权和规范”“劳动教养对象不明确”“处罚过于严厉”“救济程序不完善”“规范不统一和司法解释多元化”等问题，在实际操作中可能出现有关部门滥用权力、非法限制公民人身自由的情况。对此，2013年11月15日《中共中央关于全面深化改革若干重大问题的决定》提出，废止劳动教养制度。2013年12月28日全国人大常委会通过了《关于废止有关劳动教养法律规定的决定》。决定规定，劳教废止前依法作出的劳教决定有效；劳教废止后，对正在被依法执行劳动教养的人员，解除

2013 年 12 月 28 日，十二届全国人大常委会第六次会议表决通过废止有关劳动教养法律规定的决定草案。

劳动教养，剩余期限不再执行。这意味着已实施 50 多年的劳教制度被正式废止，公民人身权利免受侵犯得到了进一步的保障。

三、宗教信仰自由保障的中国实践①

尊重和保护宗教信仰自由是中国政府一项长期的基本国策。中国坚持平等保护信教公民和不信教公民的合法权益，依法保障信教公民正常宗教需求，尊重信教公民的习俗。

① 以下数据、资料源于国家新闻办公室：《民族区域自治制度在西藏的成功实践》，北京：人民出版社，2014 年；《新疆的宗教信仰自由状况》，北京：人民出版社，2016 年；《新疆人权事业的发展进步》，北京：人民出版社，2016 年；《中国保障宗教信仰自由的政策和实践》，北京：人民出版社，2018 年。

拉萨雪顿节，信众朝拜释迦牟尼佛像。

（一）公民宗教信仰自由权利受法律保障

《中华人民共和国宪法》明确规定："中华人民共和国公民有宗教信仰自由"，"任何国家机关、社会团体和个人不得强制公民信仰宗教或者不信仰宗教，不得歧视信仰宗教的公民和不信仰宗教的公民"，"国家保护正常的宗教活动。任何人不得利用宗教进行破坏社会秩序、损害公民身体健康、妨碍国家教育制度的活动"。国务院颁布的《宗教事务条例》和各地方制定的有关宗教事务的法规，体现了"公民有宗教信仰自由""国家保护正常的宗教活动"的宪法精神。信仰宗教或不信仰宗教，完全由公民自主选择，任何组织和个人不得强制公民信仰宗教或不信仰宗教，不得歧视信仰宗教的公民或不信仰宗教的公民。没有公民因信仰宗教或不信仰宗教而受到歧视和不公正待遇。相关法规规章对宗教团体、宗教活动场所、宗教教职人员、宗教活动、宗教财产等作出了规定。公民宗教信仰自由权利与公民义务相统一，公民无论是否信仰宗教，都必须履行宪法和法律规定的义务。侵犯公民宗教信仰自由权利要承担相应的法律责任。

（二）正常宗教需求得到满足

公民在宗教活动场所内以及按照宗教习惯在自己家里进行的一切正常的宗教活动，如礼拜、封斋、拜佛、祈祷、讲经、讲道、诵经、烧香、弥撒、受洗、受戒、终傅、追思、过宗教节日等，都由宗教团体和公民自理，受法律保护，任何组织和个人不得加以干涉。为保障顺利完成朝觐功课，各地区实行有组织、有计划的朝觐政策。如新疆自 1996 年以来，每年安排包机组织信教群众前往沙特阿拉伯麦加朝觐，政府对朝觐人员的医疗、翻译等给予资助，并做好随团服务保障，确保朝觐活动安全有序。

宗教典籍文献依法出版。多语种、多版本的宗教经典以及记载、阐释、注解宗教教义、教规的印刷品、音像制品和电子读物的印制出版流通，满足了各族信教公民的多样化需求。整理出版《大藏经》《中华道藏》《老子集成》等大型宗教古籍文献。西藏寺庙的传统印经院得到保留和发展，现有布达拉宫印经院等传统印经院 60 家，年印经卷 6.3 万种。已翻译出版发行汉、维吾尔、哈萨克、柯尔克孜等多种文字版的《古兰经》等伊斯兰教经典，编辑发行《新编卧尔兹演讲集》系列等读物和杂志，总量达 176 万余册。中国已为 100 多个国家和地区累计印刷超过 100 个语种、1.6 亿多册《圣经》，其中为中国教会印刷约 8000 万册，包括汉语和 11 种少数民族文字以及盲文版。许多宗教团体和活动场所开设了网站，如中国伊斯兰教协会开通了中文版和维吾尔文版网站。

宗教活动场所条件明显改善。国家依法对信教公民开展集体宗教活动的场所进行登记，将其纳入法律保护范围，确保宗教活动规范有序进行。目前依法登记的宗教活动场所有 14.4 万处。佛教寺院约 3.35 万座，其中汉传佛教 2.8 万余座，藏传佛教 3800 余座，南传佛教 1700 余座。道教宫观 9000 余座。伊斯兰教清真寺 3.5 万余处。天主教教区 98 个，教堂和活动堂点 6000 余处。基督教教堂和聚会点约 6 万处。宗教团体、宗教活动场所执行国家统一的税收制度，按照国家有关规定缴纳税收和享受税收优惠；水、电、气、暖、道路、通信，以及广播电视、医疗卫生等公共服务延伸和覆盖到宗教活动场所。

宗教教职人员社会保障更加有力。2010 年有关部门联合发布《关于妥善解决宗教教职人员社会保障问题的意见》，2011 年又联合发布《关于进一步解决宗教教职人员社会保障问题的通知》，将宗教教职人员纳入社会保障体系。截至 2013 年底，宗教教职人员医疗保险参保率达到

在云南怒江傈僳族自治州的深山里，村民们聚集在村里的教堂内唱圣经。

96.5%，养老保险参保率达到 89.6%，符合条件的全部纳入低保，基本实现了社保体系全覆盖。藏传佛教专家布穷一家的故事清晰地诠释了公民人权保障事业的巨大进步：

在藏传佛教研究领域，年近六旬的布穷是已有 30 多年经验的专家。他是西藏还俗僧人的后代。在上世纪 40 年代，为了躲旧西藏的地主债，他的父辈三兄弟同父母从拉萨逃往数百公里外的山南。布穷称，"一家五口人生计困难，为了吃饱饭，我的爷爷将父亲三兄弟送往当地的寺庙孜措巴出家，当时三叔还不到 5 岁。"1959 年，西藏实行民主改革，百万农奴翻身解放，分得土地，获得人身自由。布穷父亲三兄弟也还俗，过上自由的俗家生活。与布穷三叔同年入寺的僧人仁丹，还俗后入校读书学习，后来被派到清华大学去进修，成为服务民众的公职人员。"如今，很多僧人不再为温饱而出家，更多的是乘愿弘法，普度众生，惠民利国。"[①]

（三）宗教感情、习俗和文化得到充分尊重

信教公民的宗教感情、信仰需求得到充分尊重。斋月期间，清真餐馆歇业或开业完全由业主自行决定，不受干涉。有吃斋饭传统的清真寺和一些信教公民免费为封斋者提供开斋饭。各地加强服务保障，确保斋月期间各项宗教活动有序进行。2015 年 7 月 3 日正值斋月，新疆和田地区发生 6.5 级地震，政府在积极做好救援安置工作的同时，及时搭建临时宗教活动场所，保障灾区信教公民礼拜、封斋等正常宗教生活。17 日

① 赵延、赵朗、江飞波：《大昭寺僧人：西藏僧尼充分享有受法律保护的宗教信仰自由》，澎湃网 2018 年 4 月 4 日，https://www.thepaper.cn/newsDetail_forward_2058931。

晚（开斋节前夜），自治区主要领导与伊斯兰教界人士、各族穆斯林群众代表共进开斋饭，共迎开斋节，受到社会各界广泛关注和好评。

信教公民的习俗得到充分尊重。《中华人民共和国民族区域自治法》《中华人民共和国刑法》《中华人民共和国民法通则》《中华人民共和国教育法》《中华人民共和国劳动法》《中华人民共和国广告法》和《新疆维吾尔自治区清真食品管理条例》《新疆维吾尔自治区民族团结进步工作条例》等一系列法律法规，对保护信教公民习俗作出了具体规定，包括清真食品的生产、加工、储运和销售，特需食品供应，清真饭馆、清真食堂开设等。各族人民在春节、古尔邦节、肉孜节等重大传统节日，都能享受到法定的节日假期和特需食品的供应。为有土葬习俗的少数民族划拨公墓专用土地。对带有宗教色彩的传统习俗，如起名、站礼、送葬、过乃孜尔等，予以尊重。

新疆伊斯兰教经学院的学生在上《古兰经》课。

宗教文化遗产得到有效保护。如新疆现有喀什艾提尕尔清真寺、昭苏圣佑庙、克孜尔千佛洞等109处宗教文化古迹被列入自治区级以上文物保护单位，其中，全国重点文物保护单位46处，自治区级文物保护单位63处。中央政府拨专款对列入国家和新疆文物保护单位的喀什艾提尕尔清真寺、伊宁拜图拉清真寺、和田加曼清真寺、乌鲁木齐洋行清真寺和喀什香妃墓等进行修缮。新疆出资维修吐鲁番苏公塔、昭苏圣佑庙等28所寺庙。《先知传》《金光明经卷二》《弥勒会见记》等多部宗教类古籍被列入《国家珍贵古籍名录》。拨专款保护和整理历史流传下来的《古兰经》《穆圣传》等古籍。涉及宗教的非物质文化遗产也得到有效保护和传承。

（四）宗教关系积极健康

中国妥善处理党和政府与宗教、社会与宗教、国内不同宗教、中国宗教与外国宗教、信教公民与不信教公民等多种关系，形成了积极健康的宗教关系。

党和政府与宗教界的关系和谐融洽。中国共产党坚持以“政治上团结合作、信仰上互相尊重”的原则处理同宗教界的关系，同宗教界的爱国统一战线不断巩固。目前，中国约有2万名宗教界人士担任了各级人民代表大会和政治协商会议的代表、委员，积极参政议政，实施民主监督。从1991年开始，党和国家领导人每年与全国性宗教团体负责人迎春座谈，听取他们的意见建议。全国各地普遍建立了党政领导干部与宗教界人士联谊交友机制，加深了解，增进友谊。

社会对宗教持包容态度。两千多年来，佛教、伊斯兰教、天主教、基督教等先后传入中国，很少出现以宗教为背景的冲突和对抗，国家与社会对各种宗教和多样的民间信仰持开放态度，宗教信仰自由和民间信

2018 年 3 月 7 日，全国政协十三届一次会议宗教界小组会议在北京举行，讨论宪法修正案草案。

仰多样性获得尊重。各宗教继承和发扬长期以来中国化、本土化的传统，主动适应社会，发扬爱国爱教、团结进步、服务社会、和谐包容的优良传统，自觉维护国家利益、社会公共利益和公序良俗，履行社会责任。2016 年，全国宗教界在各地开展了纪念抗日战争暨世界反法西斯战争胜利 71 周年和平祈祷活动，呼吁维护民族团结、国家稳定和世界和平。

各宗教积极开展交流对话。历史上，各种宗教在中国交融共生、彼此借鉴，成为中国优秀传统文化的有机组成部分。在当代，不同宗教相互尊重、相互学习，开展对话交流，开创了“五教同光，共致和谐”的新境界。全国性和一些地方性宗教团体建立了联席会议机制，对涉及宗教关系的问题进行协商沟通，创造了具有中国特色的宗教对话模式，增进了相互之间的理解和友谊。

宗教领域国际交流广泛开展。在独立自主、平等友好、相互尊重的基础上，中国宗教界已经与超过 80 个国家的宗教组织建立了友好关系，积极参加涉及不同文明、信仰与宗教的国际性会议，广泛参与世界基督教教会联合会、世界佛教徒联谊会、伊斯兰世界联盟、世界宗教者和平会议等国际性组织的活动，参加联合国人权理事会会议，参与多个双边和多边人权对话。积极响应“一带一路”倡议，促进民心相通、文化交融。佛教界举办了 5 届世界佛教论坛，道教界举办了 4 届国际道教论坛，这两个论坛已成为海内外佛教、道教重要的国际交流平台。中国伊斯兰教协会分别于 2012 年、2014 年赴土耳其、马来西亚举办伊斯兰文化展演活动。中美基督教会 2013 年在上海举办“第二届中美基督教领袖论坛”，2017 年在美国举办“中国教会事工”交流会。2016 年，中国伊斯兰教协会、

2018 年 10 月，以“交流互鉴、中道圆融”为主题的第五届世界佛教论坛在福建省莆田市举办。

中国基督教协会和中国天主教“一会一团”（中国天主教爱国会和中国天主教主教团）共同与德国新教联盟在德国联合举办“中德宗教对话——和平与共享”跨宗教对话。改革开放以来，各宗教团体选派出国留学人员超过千人。

信教和不信教公民和睦相处。不信教公民尊重信教公民的宗教信仰，不歧视和排斥信教公民；信教公民尊重不信教公民的信仰选择。在多数公民不信教的地方，少数信教公民的合法权利得到尊重和保护；在多数公民信教的地方，少数不信教公民的权利同样得到尊重和保护。

第二节
开拓保障公民获得公正审判权利的新途径

一、司法公开的中国实践[①]

“公平正义不仅要实现，还要以人民群众看得见的方式来实现。”司法公开是落实法治原则、人权保障原则的必然要求，也是确保公民获得公正审判权的重要制度措施。中国高度重视和不断推进司法公开，并取得了一系列突出成效。

（一）司法公开的发展历程

中国裁判文书网上公布是随着审判公开的推进，在司法透明度的要求不断提高的背景下提出的。早在 1999 年，最高人民法院就制定了《关于严格执行公开审判制度的若干规定》。此后，2000 年，最高人民法院通过《裁判文书公布管理办法》，进一步提出了裁判文书公开的种类、渠道、程序、范围，成为具体指导裁判文书公开的第一部规范性文件。

① 以下数据、实例主要源自《中国法院的司法公开（2013—2016）》白皮书，北京：人民法院出版社，2019 年。

2006—2010 年，最高人民法院陆续发布《关于人民法院执行公开的若干规定》《关于加强人民法院审判公开工作的若干意见》《关于司法公开的六项规定》等规范性文件，提出立案、庭审、执行、听证、文书、审务等六个方面公开的具体要求。最高人民法院于 2010 年 10 月和 2012 年 12 月分两批在全国评选确定了 200 个司法公开示范法院，及时总结经验，发挥示范作用。

党的十八届三中全会以来，人民法院加快推进司法公开工作。最高人民法院先后出台《关于推进司法公开三大平台建设的若干意见》《关于人民法院在互联网公布裁判文书的规定》《关于人民法院执行流程公开的若干意见》等规范性文件，依托现代信息技术，推进审判流程公开、裁判文书公开、执行信息公开三大平台建设，运用网络、微博、微信、移动新闻客户端等载体，进一步拓展司法公开工作的广度和深度。地方各级人民法院不断创新司法公开举措，增加了司法透明度和司法公信力。

（二）审判流程公开

2014 年 11 月，中国审判流程信息公开网正式开通，全国统一的审判流程信息公开平台搭建形成。到 2015 年底，全国 31 个高级人民法院和新疆维吾尔自治区高级人民法院生产建设兵团分院全部建成辖区内三级法院统一的审判流程信息公开平台，实现全国法院全覆盖、各类案件全覆盖，当事人可随时查询案件进展。当事人及其诉讼代理人可以凭有效身份证件、手机号码、查询码及密码，随时登录查询、下载有关流程信息、材料等，及时了解和监督案件进展。普通公众也可以通过该网直接查询最高人民法院机构设置、法官名录、诉讼指南、开庭公告等信息。随着审判流程信息公开网的改造升级，网站进一步丰富了审判流程节点信息，实现庭审笔录及庭审录像的查阅下载，开通了文书电子送达，增加了联系法官和举报投诉等功能。截至 2016 年底，最高人民法院受理的 25509 件案件的审判流程信息，已全部通过审判流程信息网向当事人及其诉讼代理人公开，公开信息项目达 52.5 万个，成功推送短信 3.3 万条，总访问量达 98.5 万人次。

（三）庭审公开

2013 年 12 月，中国法院庭审直播网正式开通，公民可以在线观看庭审直播和录播。自 2016 年 7 月 1 日起最高人民法院所有公开开庭案件都上网直播。各级法院高度重视大案要案审判公开，通过微博、互联网直播等方式，依法公开审理了一批社会关注的重大案件，取得良好效果。重庆市第一中级人民法院开展官方微博与官方网站“双网同步直播”，仅该院审理的“加多宝诉王老吉不正当竞争纠纷案”的直播，微博阅读量就达

安徽省巢湖市法院通过户外 LED 显示屏对庭审进行直播。

15 万余次。许多法院将庭审直播引入诉讼服务中心电子显示屏和城市广场 LED 屏，将庭审现场直接展现给公众。截至 2019 年 4 月底，中国庭审公开网直播量达 300 万场，累计访问量突破 160 亿人次，已成为全国最大的政务类视频公开网站和全国日均网络流量最大的政务网站。[①]

（四）裁判文书公开

2013 年 7 月 1 日，全国统一的裁判文书公开平台——中国裁判文书网正式开通。目前，全国各级人民法院均在中国裁判文书公开网上传裁判文书，实现了全国法院全覆盖、案件类型全覆盖和办案法官全覆盖。2015 年 12 月 15 日，中国裁判文书网全面改版升级，增加了一键智能查询、关联文书查询、个性化服务等功能，实现少数民族语言裁判文书的公开，开通蒙、藏、维、朝鲜和哈萨克等 5 种民族语言文书的浏览和下载功能，更好满足了人民群众的多样化需求。2016 年 8 月 30 日，中国裁判文书网 APP 手机客户端正式上线。截至 2018 年底，中国裁判文书网公开裁判文书超过 6179 万份，累计访问量超过 213 亿人次，用户覆盖 210 多个国家和地区。[②]该网已成为全世界最大的裁判文书资源库，哈佛、耶鲁、斯坦福等世界一流大学均将其公布的裁判文书列为研究对象。另外，最高人民法院新编、修订 568 种民事诉讼文书样式、132 种行政诉讼文书样式，全部免费向社会公开，促进提升裁判文书规范化水平。

（五）执行信息公开

2014 年 11 月 1 日，中国执行信息公开网正式开通，成为全国统一

① 《访问量突破 160 亿人次 公开覆盖率超过 92% 中国庭审公开网直播量达 300 万场》，最高人民法院网站，2019 年 4 月 24 日，http://www.court.gov.cn/zixun-xiangqing-154252.html。

② 徐隽：《司法大数据 让公平正义看得见》，人民网 2018 年 5 月 2 日，http://it.people.com.cn/n1/2018/0502/c1009-29960167.html。

的执行信息公开平台。通过该平台，公众可以查询全国法院失信被执行人名单信息、被执行人信息、执行案件流程信息和执行裁判文书。当事人可通过中国执行信息公开网查询未执结案件的基本信息、失信被执行人名单信息和执行裁判文书信息，还可以通过自己的姓名、身份证号码、执行案号登录查询案件的流程信息，包括执行立案、执行人员、执行程序变更、执行措施、执行财产处置、执行裁决、执行款项分配、暂缓执行、中止执行、执行结案等信息，在线了解执行案件进展情况。社会公众可以从执行信息公开网上方便地查询到执行案件立案标准、启动程序、执行收费标准和依据、执行费缓减免的条件和程序、执行风险提示、悬赏公告、拍卖公告等信息。截至 2018 年底，中国执行信息公开网累计公布执行案件 4077 多万件、被执行人信息 5950 余万条、失信被执行人信息 1288 余万条。[①] 2016 年 9 月 14 日，最高人民法院“中国执行”微信公众号正式上线，开通执行信息查询、执行规范发布、法律法规解读、执行文书公开等功能，方便社会公众获取执行工作信息和享受司法服务。

二、智慧法院建设的中国实践[②]

智慧法院是“依托现代人工智能，围绕司法为民、公正司法，坚持司法规律、体制改革与技术变革相融合，以高度信息化方式支持司法审判、诉讼服务和司法管理，实现全业务网上办理、全流程依法公开、全

---

① 徐隽：《司法大数据 让公平正义看得见》，人民网 2018 年 5 月 2 日，http://it.people.com.cn/n1/2018/0502/c1009-29960167.html。

② 以下数据、实例主要源自：2018 年最高人民法院工作报告；张昊、朱汉夫：《我国网络化阳光化智能化智慧法院初步形成 法院信息化 3.0 版主体框架已确立 》，法制网 2018 年 2 月 13 日，http://epaper.legaldaily.com.cn/fzrb/content/20180213/Articel03002GN.htm；《最高法工作报告解读系列访谈：加快建设智慧法院》，最高人民法院网 2018 年 3 月 13 日，http://www.court.gov.cn/zixun-xiangqing-85042.html。

方位智能服务的人民法院组织、建设、运行和管理形态”。智慧法院的建设和运用，有效提高了法院工作效率，有助于保证司法公开、透明，不断提高诉讼服务水平，促进司法公平正义。

目前，以网络化、阳光化、智能化为特征的智慧法院初步形成，实现全业务网上办理、全流程依法公开和智能化服务。全国 3525 个法院和 10759 个人民法庭全部接入专网，实现“一张网”办公办案，全程留痕，全程接受监督。通过电子诉讼、12368 诉讼服务热线等信息化手段，减少群众出行，节约诉讼成本。

智慧法院网络化成就突出。2017 年，全国法院均实现网上办案，42% 的法院实现网上立案，90% 的法院开通门户网站，77% 的法院建成执行指挥中心，网络执行查控和联合信用惩戒系统逐步实现对涉案人财物的完全覆盖和一网打尽。全球首家互联网法院在浙江杭州揭牌，电子诉讼迈出坚实的一步。道路交通纠纷网络数据一体化处理平台在成功试点的基础上，得以推广应用。为纾解“门难进、人难见”压力，全国绝大多数法院都能在线联系法官，支持在线或通过 12368 诉讼服务热线联系法官的高级法院有 28 家。畅通当事人权利诉求表达渠道，各级法院积极推进网络信访工作，大部分法院均建立互联网申诉信访平台，实现远程视频接访。各级法院运用网络平台的集约化优势，把多元化解纠纷工作机制从线下搬到线上，突破时间空间限制，使纠纷化解更加便捷高效。例如，广东省深圳市福田区人民法院开发融平台（即多元化纠纷解决机制信息化平台），对诉前调解案件进行全流程信息化管理，具有在线立案、在线调解、在线司法确认等 6 大功能。当事人就近在街道办事处、派出所等设立的人民调解室，便可以通过视频连线法院，由法官实时见证，完成司法确认、文书制作和送达工作。

智慧法院阳光化成效显著。中国所有法院均实现审判流程、裁判文

2017 年 8 月，中国首家互联网法院——杭州互联网法院在杭州正式挂牌。

书、庭审和执行信息公开。2017 年 3 月 1 日起，全国法院全面推行网络司法拍卖。2017 年，全国法院通过司法网拍卖 29.42 万次，拍卖标的物 20.52 万余件，成交额 2021.04 亿元，节约佣金 61.72 亿元，大大提高了财产变现率，取得积极社会效果。执行公开平台方便当事人、社会公众及时、全面掌握案件执行情况，把执行过程“晒”在阳光下，执行网络化成为实现执行阳光化的前提。各级法院充分利用新媒体及时沟通、实时参与的特点，建立法院政务网站、法院微博微信、移动新闻客户端等，打造“指尖上的法院”“移动互联时代的法院”，不断拓宽人民群众获得司法信息的渠道。各地法院积极利用成熟新媒体平台，拓展司法服务能力。例如，广东省广州市中级人民法院在微信平台上推出“广州微法院”小程序，设有公众服务、微诉讼、微执行等 4 个模块 19 项核心功能。当事人利用该小程序，可以“刷脸”查询案件的流程节点信息、在线阅卷等。

智慧法院智能化成就颇具亮点。中国已建成人民法院大数据管理和服务平台，实时汇集全国法院审判执行数据信息，为法官和群众提供智能服务。推进审判领域人工智能研发，多个智能辅助办案平台上线应用，为法官提供类案参照、文书纠错等服务。截至目前，庭审语音识别系统已经在浙江、安徽、北京等地法院广泛应用。苏州中院已经使用该系统支持开庭 2.7 万余次，经对比测试，语音识别正确率已达到 90% 以上，庭审时间平均缩短 20%—30%。推进电子卷宗随案生成，提供电子卷宗网上调阅服务。在吉林、浙江、海南等 14 个省市开展道路交通事故损害赔偿纠纷“网上数据一体化处理”改革试点，实现多部门一网办案，纠纷解决更加便捷。江苏法院建立的同案不同判预警系统，利用人工智能和大数据分析技术，自动分析公诉书和庭审记录，支持法官上传判决书自动预测判决结果、计算偏离度并自动进行预警，为法官提供量刑参考，为审判管理人员提供智能监督管理工具。该系统在南京、苏州、盐城等法院试点使用以来，成功预警高偏离度案件 145 起，准确率达到 92%。

自 2017 年 5 月 1 日试运行以来至 2017 年 12 月 31 日，杭州互联网法院累计立案受理 4825 件，审结 3422 件，网上立案率 85%，一审服判息诉率达 98.5%，平均审理天数 48 天。“我们做过统计，线上审理平均审理天数是 32 天，线下审理平均审理天数是 61 天。线上庭审平均用时 28 分钟，其中 62.35% 的线上庭审平均用时才 17 分钟，线下庭审平均用时 68 分钟。总体上，线上审理模式大大提升了审判效能。”杭州互联网法院院长杜前说。

在杭州互联网法院，起诉、立案、送达、举证、开庭、裁判，每个环节全流程在线，诉讼参与人的任何诉讼步骤即时连续记录留痕，当事人可以“零在途时间”“零差旅费用支出”完成诉讼。

杭州互联网法院曾审理这样一起案件：原告樊某在被告郑某开设的网店购买了15盒面膜，但家人和亲友使用后出现皮肤过敏症状。樊某认为该产品为进口产品，但无进口检验检疫合格证明、无进口特殊用途化妆品批文、在大陆无总代理商或进口商，属于“三无产品”，起诉到法院要求被告退还货款1270元，并支付10倍赔偿金12700元。该案中，被告郑某为台湾籍，实际居住地在台湾，货物由台湾发出。在征得郑某同意后，杭州互联网法院在线上开庭审理了此案。庭后双方和解，原告撤诉。“按照传统模式审理，横跨海峡两岸的诉讼，不知要在送达、庭审等方面花多少时间精力，为诉讼花费的开支远超诉请的1万多元。”当事人樊某说。①

三、司法便民的中国实践②

中国坚持主张司法不仅应体现专业性和公正性，也应当充分体现人民性。“让人民群众在每一个司法案件中都感受到公平正义”，需持续坚持和推动司法便民利民。

（一）降低诉讼门槛

2014年11月20日，最高人民法院印发《最高人民法院关于进一步做好司法便民利民工作的意见》，其中第6条规定：“健全方便立案的新机制。根据人民群众的需求和审判工作的实际需要，积极推进立案登

① 徐隽：《互联网法院，让公平正义触手可及》，人民网2018年1月31日，http://legal.people.com.cn/n1/2018/0131/c42510-29796496.html。

② 以下数据、实例主要源自《中国司法领域人权保障的新进展》白皮书，北京：人民出版社，2016年；《中国人权法治化保障的新进展》白皮书，北京：人民出版社，2018年。

记工作，对人民法院依法应该受理的案件，做到有案必立、有诉必理，切实保障当事人诉权。做好预约立案工作，积极为行动不便的伤病患者、残疾人、老年人、未成年人等提供立案、送达、调解等方面的便民服务，方便当事人诉讼。” 2015 年 5 月 1 日，人民法院立案登记制开始实施。对当事人提交的诉状，人民法院一律予以接收、登记，符合法律规定的起诉和受理条件的，一律予以立案受理。2015 年 5 月至 12 月，各级法院共登记立案初审案件 994.4 万件，同比增长 29.54%，当场登记立案率达 95%，其中民事案件同比增长 26.45%，行政案件同比增长 66.51%，刑事自诉案件同比增长 58.66%。房屋拆迁、土地征用、政府信息公开等行政诉讼“立案难”问题得到切实解决。值得注意的是，一些地方性实践通过创新司法形式、提高司法服务能力，大幅降低了公民寻求司法救济的门槛和成本，三亚的“旅游法庭”便是其中典型代表。

重庆市云阳县高阳镇，巡回法庭走进农家院坝，方便村民诉讼。

自2010年海南建设国际旅游岛的战略确立后，海南省高级人民法院便批准三亚城郊人民法院增设具有独立机构编制的旅游审判庭，并于2012年3月正式挂牌成立。如今这个小小的旅游审判庭已成为海南的一张“特色名片”。

在与某汽车租赁公司交涉过程中，李先生对该公司的服务态度和处理方式非常不满，双方争执不下，之后李先生投诉至三亚旅游巡回法庭。接到投诉后，旅游巡回法庭庭长黄春英第一时间赴现场展开调查。经耐心调解，双方最终各让一步，并于投诉当晚达成和解，汽车租赁公司同意减免李先生两天的汽车租用费用，同时赠送李先生免费租车一天。“游客在旅游点发生了纠纷，最担心的就是时间耗不起。所以，处理旅游纠纷要讲究‘快’。”黄春英说，租车公司、酒店、旅游公司与游客之间，以及游客与游客之间产生的纠纷案时有发生，往往涉及人身损害和财产损害，具有突发性和时效性，虽然通常此类纠纷涉及的金额较小，案情也不复杂，但容易出现纠纷双方抵触情绪大、矛盾激化的情况，而且游客行程较短，是否能在短时间内化解纠纷尤为重要。为李先生调解完案子之后已是晚上11点，黄春英和她的同事们早已经习惯这样的工作方式。除了办案，本着审理一案、教育一片的理念，旅游法庭每年都会利用“五一”“十一”及春节等节假日巡回办案的契机，在现场提供法律咨询、发放法律宣传资料，为游客和旅游从业者普及法律法规知识。①

（二）积极推动法律援助工作

近年来，中国政府不断加强刑事法律援助工作，落实《刑事诉讼法》

① 邢东伟等：《小法庭有大作为——探访海南三亚城郊法院旅游审判庭》，法制网2016年8月2日，http://www.legaldaily.com.cn/locality/content/2016-08/02/content_6746062.htm?node=37232。

及相关配套法规制度关于法律援助范围的规定，建立法律援助参与刑事和解、死刑复核案件办理工作机制和法律援助值班律师制度，健全依法申请法律援助工作机制、办案机关通知辩护工作机制及法律援助参与刑事案件速裁程序试点工作机制，依法为更多的刑事诉讼当事人提供法律援助。法律援助值班律师工作普遍开展，在全国 2000 多个看守所设立法律援助工作站。通过设立便民服务窗口、工作站点、“12348”热线等措施，基本实现法律援助咨询服务全覆盖。2015 年 5 月，中央全面深化改革领导小组第十二次会议审议通过《关于完善法律援助制度的意见》，进一步扩大民事、行政法律援助覆盖面，降低法律援助门槛，使法律援助惠及更多困难群众。2013—2016 年，全国法律援助经费总额达到 73 亿元，共办理法律援助案件 500 余万件，受援群众超过 557 万人次，提供法律咨询超过 2800 万人次。加强法律援助基层服务网络建设，截至 2016 年

安徽省合肥市一家社区内开设的法律援助站，帮助百姓解决法律问题。

9月，全国共建成法律援助便民服务窗口3500余个、法律援助工作站7万余个。推广使用全国法律援助信息管理系统，简化受理审查程序，公民获得法律援助更加便捷。积极推动地方政府将法律援助经费纳入财政预算，截至2016年，全国已有25个省（自治区、直辖市）建立省级法律援助专项资金，95%的地方将法律援助业务经费纳入财政预算。

（三）不断完善国家司法救助制度

2014年，最高人民法院、最高人民检察院、公安部等六部门联合发布文件，建立完善国家司法救助制度，对受到侵害但无法获得有效赔偿的刑事被害人等给予经济资助，帮助其摆脱生活困境。最高人民法院设立司法救助委员会，各级法院也相继成立司法救助委员会。司法机关严格遵守司法救助申请告知义务，对符合条件的救助对象及时发放救助资金。国家司法救助以支付救助金为主要方式，同时与思想疏导、宣传教育相结合，与法律援助、诉讼救济相配套，与其他社会救助相衔接。探索建立刑事案件伤员急救“绿色通道”、对遭受严重心理创伤的被害人实施心理治疗、对行动不便的受害人提供社工帮助等多种救助方式，进一步增强救助效果。2014年、2015年、2016年，中央与地方安排的救助资金总额分别为24.7亿元、29.4亿元、26.6亿元，共有26.8万余名当事人得到司法救助。2014年1月至2018年8月，各级检察机关共受理5.1万多人国家司法救助申请，发放救助金4.3亿元。各级法院2013—2017年共为有困难的诉讼当事人减免诉讼费19.9亿元，保障生活困难群众依法参与诉讼的权利。

（四）加强公共法律服务和人民调解工作

2019年7月，中共中央办公厅、国务院办公厅发布《关于加快推进

北京海淀法院法官为未成年被害人发放救助金。

公共法律服务体系建设的意见》，加快推进公共法律服务体系一体化建设，促进公共法律服务均等化。近年来，各级政府努力增加公共法律服务供给，消除无律师县，建立集律师、公证、司法鉴定、人民调解等功能于一体的公共法律服务大厅，推广“一村一社区一法律顾问”制度，完善“12348”免费法律咨询服务热线，使人民群众能便捷获得法律服务，有效维护自身权益。重点加强行业性、专业性人民调解工作，依法及时化解医疗、劳动等领域矛盾纠纷。2013—2017 年，共调解各类矛盾纠纷 4595.4 万件，其中行业、专业领域矛盾纠纷 686.8 万件大量矛盾纠纷化解在基层。

第三节 更充分满足政治权利诉求

一、知情权和参与权保障的中国实践[1]

（一）立法、行政决策中的公民参与水平不断提升

《立法法》明确规定，“立法应当体现人民的意志，发扬社会主义民主，保障人民通过多种途径参与立法活动。”在《立法法》基础上，中国不断完善立法论证、听证、法律草案公开征求意见等制度，使每一项立法反映人民意志。截至 2017 年 10 月，十二届全国人大常委会已 74 次就法律草案公开征求意见。其中，就《民法总则（草案）》进行 3 次审议，3 次向社会公开征求意见，组织数十场专家咨询会，共收到 15422 人次提出的 70227 条意见；收到针对《刑法修正案（九）（草案）》二次审议稿的意见 11 万多条。在行政决策的公民参与方面，各级政府决策程序，把公众参与、专家论证、风险评估、合法性审查、集体讨论决定确定为

① 以下数据、资料主要源自：《发展权：中国的理念、实践与贡献》白皮书、《中国人权法治化保障的新进展》白皮书、《〈国家人权行动计划（2012—2015 年）〉实施评估报告》。

2017 年 7 月 20 日，陕西省西安市政府举行《西安市大气污染防治条例（修订草案）》立法听证会。

重大行政决策法定程序。推行政府法律顾问制度和公职律师制度，推动县级以上各级党政机关普遍设立法律顾问、公职律师，为重大决策、重大行政行为提供法律意见。探索建立行政决策咨询论证专家库，对专业性、技术性较强的决策事项组织专家、专业机构进行论证，提高依法行政的能力水平。有关部门在规范网约车、快递行业等民生领域事项决策过程中，广泛征求各方意见，统筹兼顾不同群体的利益诉求。

（二）政务公开制度化、规范化持续推进

各级政府以《政府信息公开条例》为依据，坚持以公开为常态、不公开为例外原则，重点推进行政审批、财政预决算、保障性住房、食品药品安全、征地拆迁等领域的信息公开。创新政务公开方式，加强互联网政务信息数据服务平台和便民服务平台建设，提高政务公开信息化、集中化水平，增强公民获取信息的便捷性。建立对行政机关违法行政行

全面推进政务公开越来越成为各级政府部门的自觉行动，图为国务院新闻办公室举办新闻发布会。

为投诉举报登记制度，畅通举报邮箱、电子信箱、热线电话等监督渠道。发挥报刊、广播、电视等传统媒体监督作用，运用和规范网络监督。推行行政执法公示制度，各级政府要根据各自的事权和职能，按照突出重点、依法有序、准确便民的原则，推动执法部门公开职责权限、执法依据、裁量基准、执法流程、执法结果、救济途径等，规范行政裁量，促进执法公平公正。推进监管情况公开，重点公开安全生产、生态环境、卫生防疫、食品药品、保障性住房、质量价格、国土资源、社会信用、交通运输、旅游市场、国有企业运营、公共资源交易等监管信息。公开民生资金等分配使用情况，重点围绕实施精准扶贫、精准脱贫，加大扶贫对象、扶贫资金分配、扶贫资金使用等信息公开力度，接受社会监督。

（三）公众参与司法的渠道不断拓宽

人民陪审员参与庭审能够充分体现司法的公开、司法的民主，人民陪审员制度还是民众进行司法监督的重要环节。2004 年全国人大常委会审议通过《关于完善人民陪审员制度的决定》。2013 年以来，全国法院积极推进人民陪审员制度改革。根据全国人大常委会授权，在黑龙江、广西、重庆等地完善陪审员参审机制。2013—2017 年，全国陪审员给共参审案件 1295.7 万件。截至 2016 年 12 月，全国人民陪审员总数已超过 22 万人。

人民监督员制度是人民检察院主动接受社会监督的一种外部监督制度。自 2003 年开展人民监督员制度试点工作以来，截至 2018 年底，共选任人民监督员 4.8 万余人次，监督各类职务犯罪案件 4.9 万余件。全国各级检察机关积极组织案件监督，完善监督评议程序，建立职务犯罪案件台账，建设人民监督员评议厅。2014 年 9 月到 2017 年 7 月，各级检察机关接受人民监督员监督评议的案件共 7491 件，监督评议后人民

山东枣庄市市中区人民法院，两名人民陪审员与法官一起参加案件庭审。

监督员不同意检察机关拟处理意见的 247 件，检察机关采纳 76 件，采纳率 30.8%。

人民调解是中国法律所确认的一种诉讼外的调解形式。它是中国社会主义法制建设中的一项创举，也是中国一项具有特色的法律制度。截至 2018 年底，全国共有人民调解委员会近 75.1 万个，人民调解员 349.7 万名，全年排查化解矛盾纠纷 422.8 万次，调解矛盾纠纷 953.2 万件，调解成功率达 97.9%。

（四）厂务、村务公开制度得到落实

厂务公开是一种实现职工参与企业民主决策、民主管理和民主监督的有效制度，其主要载体和基本形式是职工代表大会。截至 2017 年 9 月，全国已建立工会的企事业单位中有 487.1 万家单独建立厂务公开制度，有 398.7 万家非公有制企业单独建立厂务公开制度，建制率达 89.4%。村务公开是农村民主与法制建设的一项重要制度，是保障农村村民依法行使民主权利，对本村村务活动实行管理、民主监督的一种有效形式。截至 2015 年，全国 90% 以上的县（市、区）编制了统一的村务公开目录，91% 的村建立了村务公开机制，92% 的村建立了村务监督委员会或其他形式的村务监督机构。

二、表达权和监督权保障的中国实践[①]

表达权，是公民依法享有的，由法律确认，受法律保障和限制，通

① 以下数据、资料主要源自：《发展权：中国的理念、实践与贡献》白皮书、《中国人权法治化保障的新进展》白皮书、《中国司法领域人权保障的新进展》白皮书、《〈国家人权行动计划（2012—2015 年）〉实施评估报告》、《国家信访局网站工作年度报表（2017 年度）》。

过一定方式公开表达和传递思想、意见、主张、观点等内容，而不受他人和社会组织非法干涉或侵犯的权利。监督权则是公民依法享有的对一切国家机关的活动及国家机关工作人员的行为进行监督的权利。中国采取多种方式丰富表达渠道，完善权力运行监督体系，促进公民表达权利和监督权利的保障。

（一）公民信访渠道不断拓宽

目前公民信访渠道主要有来信信访、网上信访、专线电话、绿色邮政、视频接访、信访代理等多种形式，人民建议征集制度得到逐步推广。2013 年 7 月 1 日起，国家信访局门户网站网上投诉全面放开。2015 年全国网上信访 141 万件次，其中建议意见 14 万件次。2015 年，各级检察机关共接收、办理群众信访 114.8 万件次。2012—2015 年，司法部共接待来访群众 19788 人次，登记来访 6537 件（次），收到群众来信 73843 件，涉及

四川省遂宁市大英县派出纪检干部不定期巡回下乡开展信访接待活动，变“老百姓上访”为“纪检干部下访”，及时倾听群众呼声，解决群众诉求。

司法行政系统的群众来信 10337 件。截至 2016 年 6 月，国家信访信息系统运行机制已经完善，受理办理过程全公开，接受公民评价和社会监督。全国所有省份和 30 个部委已经实现互联互通，网上信访逐步成为公民表达诉求的主渠道。国家信访局网站 2017 年工作年度报表显示，2017 年独立用户访问总量达 13569129 个，网站总访问量达 111496501 次，移动新媒体国家信访局微信公众号信息发布量 322 条、订阅数 70.5581 万个。

（二）协商民主建设向前推进

协商民主是公民实现有序政治参与的重要途径。中国形成了由政党协商、人大协商、政府协商、人民团体协商、基层协商和社会组织协商构成的广泛多层、制度化的协商民主体系，扩大了公民有序的政治参与，保障了发展权的实现。中国人民政治协商会议是中国实行协商民主制度的重要机构，涵盖了包括中国共产党在内的 9 个党派、8 个人民团体、56 个民族、5 大宗教、34 个界别，共有各级政协组织 3000 多个，各级政协委员 60 多万名。2013—2017 年五年间，全国政协共收到提案 29378 件。截至 2018 年 2 月，提案办复率达到 99%。2018 年，全国政协共召开 1 次全体会议、2 次专题议政性常委会议、2 次专题协商会、19 次双周协商座谈会、2 次网络议政远程协商会、1 次网络讨论会、18 次对口协商会、4 次提案办理协商会，进一步形成常态化、多层次、各方面有序参与的协商议政格局。

（三）人大及其常委会的监督力度持续提升

人大及其常委会的监督权，是宪法和法律赋予各级人民代表大会及其常务委员会，对由它产生的国家机关的工作和宪法、法律的实施，进行检查、调查、监督、纠正、处理的强制性权力。人大及其常务委员会

2018 年 7 月 10 日，十三届全国人大常委会第四次会议举行联组会议，就大气污染防治法执法检查报告进行专题询问。

的监督权从根本上来说，是人民当家作主，参与国家事务管理权利的表现。从监督权的构成因素看，包括知情权、检查权、审议权和处置权四方面权利。2013—2017 年五年间，十二届全国人大及其常务委员会共检查 26 件法律和 1 件决定的实施情况，听取审议 83 个工作报告，作出 7 件决议，开展 15 次专题询问和 22 项专题调研，监督机制更加完善，监督实效不断提升。

（四）社会监督不断加强

2015 年 3 月，最高人民检察院、司法部印发《深化人民监督员制度改革方案》。截至 2015 年底，全国共有人民监督员 1.5 万多人，聘任特约检察员 3786 人。人民监督员监督检察机关查办职务犯罪案件中“拟撤销案件”和“拟不起诉案件”共 7974 件，其中，对 212 件案件提出不同意检察机关拟处理决定的意见，对检察机关查办职务犯罪工作中一些情形提出监督纠正意见992件，对检察工作和队伍建设提出建议156条。与此同时，各有关部门充分发挥互联网监督作用。近年来，中央纪检监察机构和最高人民法院、最高人民检察院等开设了举报网站，一大批通过互联网反映出来的问题得到了解决，为预防和惩治贪污腐败发挥了重要作用。

值得注意的是，互联网行业的迅速发展，以"微信"为代表的即时通信软件（据统计，微信月活跃账户数已超过10亿）正推动着社会监督的升级，为公民监督权的实现提供了更有效的渠道和手段。

人手一台智能机，人手一个微信号，这在湖南省保靖县的农村已是普遍现象。经过前期的试点，2016年10月，保靖县纪委全面推广"村级权力监督微信群"，严管村干部微权力，倒逼基层党员、干部主动履职主动作为。

湖南省保靖县在全县12个乡镇建立了177个"村级权力监督微信群"，两万余人进群，辐射人口10余万人。同时，县纪委将12个乡镇划分为6个片区，由6名纪委常委负责，村民、村干部、镇干部、县纪委同在一个监督微信群。

碗米坡镇亚渔村党支部书记彭秀国说，"像低保评议这种事，放以前村主要干部开个会就定了。现在除了在村务公开栏里公示，还要放到微信群里'晒一晒'，接受全村人的监督。"

截至2017年8月，通过"村级权力监督微信群"，该县纪检监察机关收到群众反映的问题线索74条，经核实后，给予党纪政纪处分17人，诫勉谈话7人，提醒谈话37人。[①]

① 邹太平、通讯员、陈晓丽：《打造指尖上的监督平台——湖南保靖运用"微信群"助力村级权力监督》，《中国纪检监察报》2017年8月21日，第4版。

三、基层民主的中国实践[①]

基层民主是实现人民当家作主的一种有效形式。目前，中国已经建立了以农村村民委员会、城市居民委员会和企业职工代表大会为主要内容的基层民主自治体系。通过构建这样一种最直接、最广泛地参与社会生活各项事务的中国特色基层民主自治体系，公民的参与权得到了极大的保障。2017 年 3 月 15 日，第十二届全国人民代表大会第五次会议审议通过《中华人民共和国民法总则》，明确了村民委员会、居民委员会具有基层群众性自治组织特别法人资格，可以从事为履行职能所需要的民事活动，强化了基层民主自治体系。

（一）农村基层民主建设稳步向前

2010 年 10 月，全国人大常委会修改了《村民委员会组织法》，进一步完善和规范了村委会成员的选举和罢免程序，提高了农村村民自治和民主管理水平。2013 年 5 月，民政部印发了《村民委员会选举规程》，明晰了村民委员会的具体事项，其中规定候选人中应当有适当的妇女名额，没有产生妇女候选人的，以得票最多的妇女为候选人，从而保障了农村妇女的民主参与权。截至 2016 年底，全国 25 个省（自治区、直辖市）制定或者修订了村民委员会组织法实施办法，27 个省（自治区、直辖市）制定或者修订了村民委员会选举办法。民主管理机制得到完善，全国 98% 的村制定了村规民约或村民自治章程。民主监督稳步推进，农村

① 以下数据、资料主要源自：《发展权：中国的理念、实践与贡献》白皮书，《中国人权法治化保障的新进展》白皮书，《〈国家人权行动计划（2009—2010 年）〉实施评估报告》，《〈国家人权行动计划（2012—2015 年）〉实施评估报告》，《2012 年中国人权事业的进展》白皮书，《2013 年中国人权事业的进展》白皮书。

河北省邯郸市邯郸县南吕固乡西召里村的村民参加村民委员会换届选举投票。

实现村务监督委员会全覆盖，述职、问责等机制逐步健全。全国每年约有 170 万名村干部进行述职述廉，对 23 万余名村干部进行经济责任审计，民主评议村干部近 210 万人次。农村基层组织建设不断加强，加大对“村霸”和宗族恶势力的整治力度，严惩各种违法违纪行为。有序推进以村民小组或自然村为基本单元的村民自治试点工作，推动实现村民自治地域范围与农村实际情况和农民意愿相一致。全国约 85%的村建立村民会议或村民代表会议制度，57% 的村每年召开一次以上村民代表会议。“村民议事”“村民决策听证”等协商形式丰富了群众有序参与基层民主自治的形式和渠道。[①] 全国农村 58.1 万个村委会，98% 以上实行直接选举，村民平均参选率超过 95%，6 亿农民参加选举。

① 中共民政部党组：《党的十八大以来中国特色基层民主建设的显著成就》，求是网 2017 年 5 月 31 日，http://www.qstheory.cn/dukan/qs/2017-05/31/c_1121047632.htm。

（二）城市基层民主建设逐步推进

民主管理机制得到完善，城市社区普遍制定了居民公约或居民自治章程。民主监督稳步推进，城市社区居务监督形式日渐丰富，普遍实行居务公开。2010 年 11 月 9 日，中共中央办公厅、国务院办公厅印发《关于加强和改进城市社区居民委员会建设工作的意见》，对加强和改进城市社区居民委员会建设工作提出了指导意见，明确要求进一步规范社区民主选举程序，稳定扩大社区居民委员会直接选举覆盖面。2010—2012 年，全国绝大多数城市社区开展了新一轮换届选举，直接选举率在 30% 以上，城市社区居民委员会女性成员达到 49.42%。截至 2013 年，全国城镇普遍进行了 7 轮以上的社区居民委员会换届选举。中共十八大以来，全国约 89% 的社区建立了居民（成员）代表大会，64% 的社区建立了协商议事委员会。截至 2017 年底，全国城市已有社区居民委员会 10.6 万个，社区居委会干部 56.5 万名，全年有 1716.4 万人次在社会服务领域提供了 5395.6 万小时的志愿服务。形式多样的基层民主参与方式，例如直接

北京市召开居民生活用气阶梯价格听证会。

选举、网格化管理平台、志愿服务、听证会、协调会、评议会、社区联络员、社区网络论坛、民情信息站等，大大拓宽了居民民主参与的空间，提高了居民的自治能力和水平，形成了中国特色的基层群众自治制度。

（三）在企事业单位，职工代表大会制度广泛推行

逐步完善以职工代表大会为基本形式的企事业单位民主管理制度，促进职工积极参与管理，维护职工合法权益。截至 2017 年 9 月，全国已建立工会的企事业单位单独建立厂务公开制度的有 487.1 万家，全国基层工会组织总数 280.8 万个，工会会员总数达 3.03 亿人，其中农民工会员总数 1.4 亿人。

（四）社会组织积极发展

截至 2017 年底，全国依法登记的社会组织约 76.2 万个，其中社会团体 35.5 万个，社会服务机构 40.7 万个，基金会 6307 个。这些社会组织的服务与影响范围涉及教育、科技、文化、卫生、体育、环保、公益等社会生活的各个领域，从多方面助力基层民主实践。

第三章

中国如何面对国际人权义务与合作

1980—2018 年间，中国共批准加入 7 个核心国际人权公约以及 2 个相关议定书。其间，中国积极履行公约义务，主动提交公约的初始报告和定期报告，共计 26 份履约报告。

中国积极参与国际人权合作。特别是中共十八大以来，中国人权国际交流合作卓有成效、成绩斐然。中国成功举办南南人权合作论坛、北京人权论坛、纪念《发展权利宣言》通过 30 周年国际研讨会等重大人权论坛；将“构建新型国际关系、构建人类命运共同体”人权发展观写入联合国人权理事会决议并获得通过；连续四次以超过联大二分之二的高票当选为联合国人权理事会成员。与此同时，中国积极拓展官方交流和民间交流途径，同美国、德国、英国、澳大利亚、瑞士、荷兰等国家举行了 50 余场国际人权合作与交流活动，有效解决了东西方国家因经济发展状况、社会制度、文化传统和历史变革差异对“人权”理解各不相同而产生的“人权话语体系症结”。

第一节
积极履行国际人权义务

中国已参加《经济社会文化权利国际公约》《儿童权利公约》《残疾人权利公约》《消除对妇女一切形式歧视公约》《消除一切形式种族歧视国际公约》《禁止酷刑和其他残忍、不人道或有辱人格的待遇或处罚公约》等 26 项国际人权公约，并积极地为批准《公民及政治权利国际公约》创造条件。中国重视国际人权文书对促进和保护人权的重要作用，认真履行条约义务，及时向相关条约机构提交履约报告，与条约机构开展建设性对话，并充分考虑条约机构提出的建议与意见，结合中国国情对合理可行的建议加以采纳和落实。中国积极参加国际维和行动，自 1990 年至 2017 年 8 月，累计派出维和军事人员 3.6 万人次，先后参加了 24 项联合国维和行动。2017 年，建成 8000 人规模的维和待命部队。中国提交履行核心国际人权公约报告情况如下。[①]

① 参见人权高专办网站，《中国参与国际人权条约报告情况》，http://tbinternet.ohchr.org/_layouts/TreatyBodyExternal/Countries.aspx?CountryCode=CHN&Lang=CH。

中国作为联合国安理会常任理事国，是维和行动主要出兵国和出资国。图为 2017 年 7 月，公安部常备维和警队第二期培训班顺利结业，166 名队员顺利通过联合国维和甄选评估，列入联合国维和能力待命机制。

一、《消除对妇女一切形式歧视公约》的履约情况

中国批准生效的第一个核心国际人权公约是《消除对妇女一切形式歧视公约》。根据公约规定，中国应当在公约生效一年后向消除对妇女歧视委员会提交公约履行的初始报告，然后，至少每四年内提交一次介绍履约情况的定期报告，并随时在委员会的要求下提交报告。

2006 年 8 月 10 日，中国代表团向联合国有关部门报告中国履行《消除对妇女一切形式歧视公约》情况。图为代表团成员在联合国接受记者采访。

表 3-1

<table>
<tr><th>报告名称</th><th>提交时间</th><th>审议届会（时间）</th><th>报告编号</th></tr>
<tr><td>初始报告</td><td>1983.5.25</td><td>第 3 届（1984）</td><td>CEDAW/C/5/Add.14</td></tr>
<tr><td>第二次报告</td><td>1989.6.22</td><td>第 11 届（1992）</td><td>CEDAW/C/13/Add.26</td></tr>
<tr><td>第三次报告</td><td rowspan="2">1997.5.29
1998.9.22</td><td rowspan="2">第 20 届（1999）</td><td rowspan="2">CEDAW/C/CHN/3-4
CEDAW/C/CHN/3-4/Add.1</td></tr>
<tr><td>第四次报告</td></tr>
<tr><td>第五次报告</td><td rowspan="2">2004.2.4</td><td rowspan="2">第 36 届（2006）</td><td rowspan="2">CEDAW/C/CHN/5-6</td></tr>
<tr><td>第六次报告</td></tr>
<tr><td>第七次报告</td><td rowspan="2">2012.1.20</td><td rowspan="2">第 59 届（2014）</td><td rowspan="2">CEDAW/C/CHN/7-8</td></tr>
<tr><td>第八次报告</td></tr>
</table>

二、《消除一切形式种族歧视公约》的履约情况

《消除一切形式种族歧视公约》是中国较早批准加入的联合国核心人权公约之一。根据公约规定，中国应当在公约生效之后一年内向消除种族歧视委员会提交公约履行的初始报告。然后，每两年提交一次关于履约情况的定期报告，凡遇委员会请求时，向其提供报告。

表 3-2

<table>
<tr><th>报告名称</th><th>提交时间</th><th>审议届会（时间）</th><th>报告编号</th></tr>
<tr><td>初始报告</td><td>1983.2.22</td><td>第 28 届（1984）</td><td>CERD/C/101/Add.2
CERD/C/101/Add.3</td></tr>
<tr><td>第二次报告</td><td>1985.6.12</td><td>第 33 届（1986）</td><td>CERD/C/126/Add.1</td></tr>
<tr><td>第三次报告</td><td rowspan="2">1987.12.28</td><td rowspan="2">第 38 届（1990）</td><td rowspan="2">CERD/C/153/Add.2
CERD/C/179/Add.1</td></tr>
<tr><td>第四次报告</td></tr>
<tr><td>第五次报告</td><td rowspan="3">1996.1.15</td><td rowspan="3">第 49 届（1996）</td><td rowspan="3">CERD/C/275/Add.2</td></tr>
<tr><td>第六次报告</td></tr>
<tr><td>第七次报告</td></tr>
<tr><td>第八次报告</td><td rowspan="2">2000.10.3</td><td rowspan="2">第 59 届（2001）</td><td rowspan="2">CERD/C/357/ADD.4 (PARTI)
CERD/C/357/ADD.4 (PARTII)
CERD/C/357/ADD.4 (PARTIII)</td></tr>
<tr><td>第九次报告</td></tr>
<tr><td>第十次报告</td><td rowspan="4">2009.7.30</td><td rowspan="4">第 75 届（2009）</td><td rowspan="4">CERD/C/CHN/10-13</td></tr>
<tr><td>第十一次报告</td></tr>
<tr><td>第十二次报告</td></tr>
<tr><td>第十三次报告</td></tr>
</table>

第十四次报告	2017.1.24	第 96 届（2018）	CERD/C/CHN/14-17
第十五次报告			
第十六次报告			
第十七次报告			

三、《禁止酷刑和其他残忍、不人道或有辱人格的待遇或处罚公约》的履约情况

《禁止酷刑和其他残忍、不人道或有辱人格的待遇或处罚公约》是中国较早批准加入的联合国核心人权公约之一。根据公约规定，中国应当在公约生效之后一年内向禁止酷刑委员会提交公约履行的初始报告。然后，每四年提交一次关于履约情况的定期报告、补充报告以及委员会可能要求的其他此类报告。

表 3-3

报告名称	提交时间	审议届会（时间）	报告编号
初始报告	1989.12.1	第 4 届（1990）	CAT/C/7/Add.5
初始补充报告	1992.10.8	第 10 届（1993）	CAT/C/7/Add.14
第二次报告	1995.12.2	第 16 届（1996）	CAT/C/20/Add.5
第三次报告	1999.5.4	第 24 届（2000）	CAT/C/39/Add.2
第四次报告	2006.2.14	第 41 届（2008）	CAT/C/CHN/4
第五次报告	2013.6.20	第 54 届（2015）	CAT/C/CHN/5

四、《儿童权利公约》及《儿童权利公约关于买卖儿童、儿童卖淫和儿童色情制品问题的任择议定书》《儿童权利公约关于儿童卷入武装冲突问题的任择议定书》的履约情况

中国既是《儿童权利公约》（以下简称“公约”）的缔约国，也是《儿童权利公约关于买卖儿童、儿童卖淫和儿童色情制品问题的任择议定书》（以下简称“第一任择议定书”）、《儿童权利公约关于儿童卷入武装冲突问题的任择议定书》（以下简称“第二任择议定书”）的缔约国。根据公约规定，中国应当在公约生效之后两年内向儿童权利委员会提交公约履行的初始报告。然后，每五年提交一次关于履约情况的定期报告。从下表依次可以了解中国历次提交履行公约（表3-4）、第一任择议定书（表3-5）、第二任择议定书（表3-6）报告的情况并据此查找相关文件。

表3-4

报告名称	提交时间	审议届会（时间）	报告编号
初始报告	1995.3.27	第12届（1996）	CRC/C/11/Add.7
第二次报告	2003.6.27	第40届（2005）	CRC/C/83/Add.9
第三次报告 第四次报告	2010.7.16	第64届（2013）	CRC/C/CHN/3-4 CRC/C/CHN/3-4/CORR.1

表3-5

报告名称	提交时间	审议届会（时间）	报告编号
初始报告	2005.5.11	第40届（2005）	CRC/C/OPSA/CHN/1

表 3-6

报告名称	提交时间	审议届会（时间）	报告编号
初始报告	2010.11.17	第 64 届（2013）	CRC/C/OPAC/CHN/1

五、《经济、社会、文化权利国际公约》的履约情况

《经济、社会、文化权利国际公约》是中国较近批准加入的联合国核心人权公约。根据公约规定，中国应当在公约生效之后一年内向经济、

2012 年 11 月 20 日，中国加入联合国《儿童权利公约》20 周年纪念活动在北京举行。图为中国儿童代表向联合国儿童基金会赠送绘画作品。

社会、文化权利委员会提交公约履行的初始报告。然后，每五年提交一次关于履约情况的定期报告。

表 3-7

报告名称	提交时间	审议届会（时间）	报告编号
初始报告	2003.6.27	第 34 届（2005）	E/1990/5/Add.59
第二次报告	2010.6.30	第 52 届（2014）	E/C.12/CHN/2

六、《残疾人权利公约》的履约情况

《残疾人权利公约》是中国最新批准加入的联合国核心人权公约。根据公约规定，中国应当在公约生效之后两年内向残疾人权利委员会提交公约履行的初始报告。然后，每四年内提交一次关于履约情况的定期报告，并在委员会提出要求时另外提交报告。

表 3-8

报告名称	提交时间	审议届会（时间）	报告编号
初始报告	2010.8.30	第 7 届（2012）	CRPD/C/CHN/1 CRPD/C/CHN/1/ADD.2/ CORR.1

2008 年 8 月 30 日，北京残奥村举行《残疾人权利公约》纪念墙揭幕仪式。

第二节
推进国际人权合作

在全球化时代背景下，世界各国相互依存、休戚与共，人权事业的发展也需要国际社会通力合作。中国在认真履行国际人权义务的同时，积极参与并推动国际人权合作。

一、官方层面的合作与交流

（一）中国积极推动和参与全球性和区域性的人权合作

近年来，中国在人权领域的国际交流与合作方面取得了长足的进步，特别是中共十八大以来表现出了更加积极、主动的态度。2013 年 10 月 21 日，国务院新闻办公室和外交部联合举办的中国人权成就图片展在联合国驻日内瓦办事处所在地万国宫开幕。此次图片展分为促进和保护人权的立法与制度框架、促进和保护人权的成绩和做法两大板块，分别从人权立法，人权保障体制，经济、社会和文化权利，公民和政治权利以及对弱势群体的保护等方面，多角度、多层次地直观展示了近年来中国人权事业的进步。此次展览为参加联合国会议的各界人士打开了一扇了解中国人权真实状况的窗口，让国际社会更多地了解中国的人权状况。2015 年 9 月 3 日，在中国的积极推动下，“亚太经合组织（APEC）残疾人事务之友小组”第一次会议于 APEC 高官会期间在菲律宾宿务举行，这标志着残疾人事务正式纳入 APEC 框架。来自中国、美国、澳大利亚、菲律宾等 19 个 APEC 经济体的代表出席会议。会议就开展务实合作、推动亚太地区残疾人事务的融合发展进行了积极讨论，并达成初步共识。2015 年 9 月 27 日，中国国家主席习近平在纽约联合国总部出席并主持了全球妇女峰会，并在开幕式上发表题为《促进妇女全面发展 共建共享美好世界》的讲话，就促进男女平等和妇女全面发展提出 4 点主张，并宣布今后 5 年内，中国将帮助发展中国家实施 100 个“妇幼健康工程”和 100 个“快乐校园工程”，邀请 3 万名发展中国家妇女来华参加培训，并在当地培训 10 万名女性职业技术人员。2015 年 10 月 29 日，首届亚欧会议框架下残疾人合作会议在北京召开。中国国务院总理李克强同德国总理默克尔共同出席大会开幕式并致辞。参会各界代表围绕“突破障碍，融合发展”的主题，就亚欧国家残疾人工作现状、加强亚欧残疾人领域国际合作、辅助器具产业发展、残疾人就业与培训 4 项议题进行了广泛而深入的讨论。2016 年时值《发展权利宣言》通过 30 周年，中国在联合国举办纪念《发展权利宣言》通过 30 周年的图片展；在北京举办“纪念《发展权利宣言》通过 30 周年国际研讨会”；在联大纪念《发展权利宣言》通过 30 周年高级别会议上，大力倡导发展权，向国际社会宣传中国的人权主张和人权成就。2017 年 1 月 19 日，中国国家主席习近平在出席“共商共筑人类命运共同体”高级别会议上提出“构建人类命运共同体”的新理念，这一理念对中国参与人权领域的国际交流与合作产生了深刻的影响。2017 年 12 月 7 日，由国务院新闻办公室和外交部共同举办的首届“南南人权论坛”在北京开幕，来自 70 多个国家

2016 年 10 月 20 日，首届亚欧会议框架下残疾人合作会议在北京举行。

和国际组织的官员、学者等 300 余人出席。中国国家主席习近平发来贺信，对论坛的举办表示热烈的祝贺，强调全球人权事业发展离不开广大发展中国家共同努力，希望国际社会本着公正、公平、开放、包容的精神，尊重并反映发展中国家人民的意愿，促进发展中国家人民享有更加充分的人权，实现全人类共同繁荣发展。

（二）中国与其他国家进行的人权对话

1. 中国—美国人权对话

"中国—美国人权对话"于 1990 年启动，至今已进行了 19 次对话。近 6 次对话情况如下：2008 年 5 月 24 日，中美第 14 次人权对话在北京举行。这是自 2002 年 12 月以来双方首次恢复人权对话。中美双方就言论自由、宗教自由、反对种族歧视、在联合国人权领域的合作等共同关心的问题交换了意见，阐述了各自的看法和主张，并分别介绍了两国在人权领域取得的进展。2010 年 5 月 13 日，中美两国在华盛顿举行第 15 次人权对话。在对话中，中美双方介绍了各自在人权领域取得的新进展，就在联合国人权领域的合作、法治、言论自由、劳动者权利、反对种族歧视等双方共同关心的问题广泛、深入地交换了意见。2011 年 4 月 27 日，第 16 次中美人权对话在北京开幕。“紧张气氛弥漫其间”是西方媒体对此次对话最多的描述。2012 年 7 月 23 日，中美第 17 次人权对话在华盛顿举行。在对话中，中美双方介绍了各自在人权领域取得的新进展，就国际人权领域合作、法治、言论自由和媒体责任、种族歧视和歧视土著人等问题交换了意见。2013 年 7 月 31 日，第 18 次中美人权对话在云南省昆明市举行。中美双方介绍了各自在人权领域取得的新进展，就人权保护与国家安全关切、国际人权领域合作、司法问题与人权、言论自由与隐私权保护等问题深入交换了意见。美方充分肯定中

2015 年 8 月 13 日，第 19 次中美人权对话在美国华盛顿举行。

方在促进经济社会发展、消除贫困等方面取得的进步。2015 年 8 月 13 日，第 19 次中美人权对话在华盛顿举行。在对话交流中，双方就各自在人权领域的新进展、法律问题与人权观、多边人权领域合作、言论自由的权利与义务、宗教自由、反对种族歧视、反恐和打击暴力极端主义等问题交换了意见。

2. 中国—欧盟人权对话

“中国—欧盟人权对话”自 1995 年启动，至今已进行了 37 次。中欧人权对话虽然启动时间较之中美人权对话晚，但对话次数远远超过中美人权对话。近 6 次对话情况如下：2013 年 6 月 24 日，中欧第 32 次人权对话在贵州省贵阳市举行。双方通报了各自在人权领域取得的新进展，并就国际人权领域合作等问题交换了意见。中方介绍了中国近期在加强法治、改善民生、促进各类人权协调发展等方面的新举措和新成就。

2013 年 6 月，中国—欧盟第 32 次人权对话在贵州省贵阳市举行，图为记者见面会现场。

2014年12月8日，中欧第33次人权对话在比利时布鲁塞尔举行。双方坦诚交流了各自人权观，并讨论了国际人权合作、妇女权利等问题。中方全面介绍了中国在人权各领域的进展，特别是十八届四中全会关于全面推进依法治国的决定，指出中国已经找到了符合中国国情的人权发展道路，希望欧方本着平等和尊重原则，客观看待中国人权进步，通过对话增进彼此理解，开展建设性合作。2015年11月30日，中欧第34次人权对话在北京举行。双方就人权领域新进展与合作、人权与环境保护、社会融合与人权等问题交换了意见。2017年6月22日，中欧第35次人权对话在比利时布鲁塞尔举行。双方介绍了各自在促进和保护人权方面的新进展，并就国际人权合作、难民移民权利以及人权司法保障等问题交换意见。2018年7月9日，中欧第36次人权对话在北京举行。双方就人权领域新进展、国际人权领域合作、妇女权利与残疾人权利、工商业与人权等问题交换了意见。2019年4月1日，中欧第37次人权对话在比利时布鲁塞尔举行。双方就人权领域新进展、人权与反恐、难民移民权利、国际人权合作等问题交换了意见。中方在对话中深入介绍了中国特色人权道路、理念和成就，要求欧方公正、客观看待中国人权状况，在平等和相互尊重的基础上同中国开展人权交流和合作。

3. 中国—德国人权对话

“中德人权对话”自1997年启动，至今已进行了15轮对话，并已成为国际人权合作的典范。近5次对话情况如下：2013年5月14日，中国—德国第11次人权对话在宁夏回族自治区银川市举行。双方围绕人权领域新进展、种族歧视、少数民族权利保护、欧债危机对人权的影响等议题深入交换了意见。2014年12月4日，中国与德国第12次人权对话在德国柏林举行。中德双方坦诚交流了各自人权观，并讨论了各类歧视及国际人权合作等问题。中方全面介绍了中国在人权各领域的进展，特别是十八届四中全会关于全面推进依法治国的决定，希望德方通过换位思考，客观看待中国人权进步，通过坦诚交流增进彼此理解和相互尊重，开展建设性合作。中方还就德国在社会包容、难移民权利及妇女权利保障等方面存在的问题表达了关切。2015 年 11 月 24 日，中德第 13 次人权对话在北京举行，双方就人权领域新进展、各自人权观、人权司法保障以及欧洲难民问题等问题交换了意见。2016 年 11 月 8 日，中德第 14 次人权对话在德国柏林举行，中德双方就人权领域新进展、落实依法治国、保护难民权利等问题交换了意见。2018 年 12 月 6 日，中德第 15 次人权对话在西藏自治区拉萨市举行，双方讨论了中德人权对话评估、人权观与人权领域新进展、国际人权合作等议题。中方全面阐述中国人权理念、举措和成就，要求德方客观看待中国人权事业进步，尊重中国人民自主选择的人权发展道路，在平等和相互尊重的基础上同中方化解人权分歧。

4. 中国—英国人权对话

“中国—英国人权对话”自 1997 年启动，至今已进行了 24 轮。近 5 次对话情况如下：2012 年 1 月 9 日，中英第 20 次人权对话在江苏省南京市举行。外交部人权事务特别代表、国际司副司长祁小夏与英国外交部亚太司司长魏磊共同主持对话。中英双方介绍了各自在人权领域的新进展，就国际人权领域合作、刑事司法与人权及宗教事业发展等问题交换了意见。2014 年 5 月 19 日，中英第 21 次人权对话在英国伦敦举行。双方介绍了各自国家在保护和促进人权方面取得的新进展，围绕国际人权合作、人权技术合作及共同关心的问题交换了意见。2015 年 4 月 22 日，中英第 22 次人权对话在北京举行。双方坦诚交流了各自人权观，介绍了各自在保护和促进人权方面取得的新进展，并就人权司法保障、国际人权领域合作等问题交换了意见。2016 年 10 月 27 日，中英第 23 次人权对话在英国伦敦举行。双方围绕人权领域新进展、人权司法保障、国际人权领域合作等问题交换意见。2017 年 6 月 27 日，中英第 24 次人权对话在北京举行。双方介绍了各自在促进和保护人权方面的新进展，并就国际人权合作、难民权利及人权技术合作等问题交换了意见。

除中美、中欧、中德、中英人权对话外，中国还与澳大利亚、法国、加拿大、挪威、瑞典、巴西、日本等许多国家就人权问题举行政府间和非政府间的对话。其中中国与澳大利亚举行了 15 次人权对话，与瑞士举行了 11 次人权对话，与荷兰举行了 11 次对话，与挪威举行了 13 次对话，促进了中国与其他国家在人权问题上的相互了解和合作。

（三）与联合国的交流与合作

1. 与联合国人权高专办的交流与合作

中国与联合国人权高专办始终保持建设性的合作关系，经常进行沟通并对高专办的工作提出建设性的意见。1998 年 9 月，中国政府邀请联合国人权事务高级专员玛莉・罗宾逊夫人来华访问，双方就人权问题广泛地交流看法，并签署《技术合作项目的合作意向备忘录》，由此开启了中国与联合国人权高专办合作的大门。此后，中国与联合国人权高专办的交流合作主要集中在法治国家建设、人权教育、能力建设等领域。与此同时，中国政府持续向人权高专办捐款支持其工作，如 2015 年中国政府向人权高专办捐款 80 万美元[①]。对于人权高专办的一些不当做法，中国也明确表明自己的立场。中国认为，联合国人权高专办在促进和保护人权方面肩负着重要的使命，要公正有效履行职责，应该坚持以下原则：第一，将维护《联合国宪章》宗旨和原则作为工作基石；第二，将

① 数据参见《人权高专办 2015 年度报告》，http://www2.ohchr.org/english/OHCHRreport2015/allegati/5_Funding_2015.pdf。

2001 年 11 月 8 日，中国外交部副部长王光亚与联合国人权事务高级专员鲁滨逊夫人在北京签署中国外交部与联合国人权高专办公室开展人权合作的《2002 年度技术合作项目协议》。

促进人权领域对话与合作作为核心宗旨；第三，严格遵守联大和人权理事会授权[①]。

2. 与联合国人权理事会的交流与合作

中国近年来十分重视与联合国人权理事会的交流合作。作为人权理事会成员国，中国认真履行职责，积极参加理事会的各项活动，很好地发挥了作为理事会成员国应有的作用。截至目前，中国已四次高票当选联合国

① 参见《中国代表团在人权理事会第 28 次会议与人权高专办对话时的发言》，中华人民共和国常驻联合国日内瓦办事处和瑞士其他国际组织代表团网站 2015 年 3 月 5 日，http://www.fmprc.gov.cn/ce/cegv/chn/hyyfy/t1244198.htm。

人权理事会成员，这也反映了国际社会对中国保护人权实践的肯定。

中国积极履行联合国人权理事会规定的责任和义务。2013 年 10 月，人权理事会国别人权审查工作组会议对中国进行第二轮国别人权审查。2014 年 3 月 20 日，中国决定接受其中 204 条建议，占建议总数的 81%，涉及减贫、教育、司法改革等 20 多个领域，充分体现了中国促进和保护人权的决心，显示了中方对各国建议的开放、积极和认真的态度。2018 年 11 月，中国接受联合国人权理事会第三轮国别人权审查。2019 年 3 月 15 日，联合国人权理事会顺利核可了中国参加第三轮国别人权审议的报告。中国外交部副部长乐玉成在会上阐明中国将接受各方在审议中所提绝大多数建议的原则立场，表示接受 284 条符合中国国情、有利于中国人权事业发展的建议，占比 82%。此外，中国积极参与人权理事会的普遍定期审议工作，对不同国家的人权问题表示关切并提出了建设性的意见。

在参与联合国人权理事会日常事务中，中国积极提出人权发展的新

2018 年 11 月 9 日，联合国人权理事会举行会议，一致通过中国参加第三轮国别人权审议报告。

理念，明确表达自己的立场和观点，对国际人权理念产生了重要影响。2015 年 3 月 25 日，联合国人权理事会第 28 次会议协商一致通过了中国代表团倡议提出的“纪念第四次世界妇女大会暨《北京宣言》和《行动纲领》通过 20 周年”主席声明。声明呼吁各国采取切实行动，促进和保护妇女权益，消除各种形式的歧视和暴力，致力于在各方面实现男女平等和妇女赋权；呼吁各方加强国际合作，特别是向发展中国家提供援助，逐步实现全面落实《北京宣言》和《行动纲领》。2015 年 10 月 2 日，中国在联合国人权理事会第 30 次会议关于“人权与预防和打击暴力极端主义”决议上投了弃权票。中国认为暴力极端主义与恐怖主义一样，是人类公敌。中国是暴力极端主义和恐怖主义的受害者，反对一切形式的暴力极端主义和恐怖主义。但由于人权理事会审议的“人权与预防和打击暴力极端主义”决议案文不够平衡，因此中国投了弃权票。2016 年 3 月 24 日，中国代表团在人权理事会第 31 次会议对“和平抗议中促进和保护人权”和“保护经社文权利领域人权卫士”草案均投了反对票，理由是有关特别机制报告和实用建议汇编不是具有普遍适用性的指导性文件，不应借此向理事会强加人权价值观，甚至干涉各国主权和司法系统独立，且尽管提案国象征性地对个别修改意见作了回应，但多数核心修改意见并未得到提案国重视和采纳。因此，中国对上述两项决议投了反对票，有力粉碎了部分西方国家干涉他国内政的阴谋。2017 年 3 月 23 日，在人权理事会第 34 次会议上，中国常驻联合国代表马朝旭大使代表 140 个国家发表题为“促进和保护人权，共建人类命运共同体”的联合声明，马朝旭表示，在世界多极化、经济全球化深入发展，各国相互联系、相互依存、命运与共的今天，应坚持“主权平等、对话协商、合作共赢、交流互鉴、可持续发展”五点共识，为构建人类命运共同体，促进和保护人权，为实现人类的和平发展、合作共赢而一起努力。

二、民间层面的人权交流活动

国之交在于民相亲。人权的交流与合作也离不开民间层面的广泛参与。官方层面交流常常受限于其固有的政治性与敏感性，而民间层面的人权交流活动往往能突破官方层面的障碍，推动世界范围内的人权交流。

（一）民间组织和团体出访交流

以中国人权研究会、中国人权发展基金会为主，各高校人权研究院为辅的人权组织和团体在中国的对外人权交流活动中发挥了重要的作用。

1. 中国人权研究会

从 2011 年起，中国人权研究会代表团先后出访澳大利亚、南非、新加坡、美国、古巴、乌兹别克斯坦、乌克兰、白俄罗斯、瑞典、荷兰、法国、泰国、马来西亚等国，从各方面阐述中国人权事业取得的成就，深化了与各国在人权理念上的共识。

2017 年 5 月，中国人权研究会代表团访问巴西，与巴西人权部门、智库机构、专家学者进行会见交流。

2. 中国人权发展基金会

作为主要从事人权宣传、国际交流和公益活动的社会组织，中国人权发展基金会从成立之初，就旨在发展和完善中国人权事业，增进中国人民和世界人民在人权问题上的相互理解与合作。2011 年至今，中国人权发展基金会先后出访法国、南非、纳米比亚、津巴布韦、意大利、捷克、英国、德国、波兰等国，为增进中国人民和世界人民在人权问题上的相互理解与合作，共同推进世界人权进步事业作出了积极贡献。

3. 各高等院校人权研究机构

中国高等院校的人权研究机构特别是八家人权教育与培训基地在与国外人权研究机构开展合作方面非常积极活跃，积极参加各种国际人权研讨会，与国外人权机构互访交流，参与官方主办的人权交流项目，开展与国外人权研究机构的合作。例如在 2014 年，北京大学法学院人权与人道法研究中心与人权研究院共同主办“面向跨文化人权对话”研讨会；八家人权教育与培训基地共同参加由荷兰人权研究院发起的“跨文化人权研究中心”筹备创立工作；中国政法大学人权研究院常务副院长参加无国籍人的保护国际研讨会并作大会主题发言；西南政法大学人权教育与研究中心代表团访问美国纽约大学法学院人权中心、德州大学奥斯汀分校人权中心……交流合作遍地开花。2015 年，南开大学人权研究中心和丹麦人权研究所共同在天津举办儿童权利保护教学方法研讨会；西南政法大学人权教育与研究中心代表团访问莫斯科罗蒙诺索夫国立大学和圣彼得堡国立大学，就人权教育与培训、人权交流和合作等事务进行接洽。2016 年，西南政法大学人权研究院执行院长张永和教授、吉林大学人权研究中心执行主任何志鹏教授等代表中国人权研究会赴日内瓦参加联合国人权理事会第 32 届会议第一周会议；南开大学人权研究中心副主任常健教授、武汉大学研究院执行院长王锡根教授，在日内瓦万国宫出席了由中方主办的“联

2017年6月8日，由中国人权研究会主办、南开大学承办的“构建人类命运共同体与全球人权治理”理论研讨会在天津举行。

合国《发展权利宣言》30年：中国的实践及民间社会的贡献”边会并发言。2017年，各高等院校人权研究机构对外出访交流更是达到前所未有的高潮，参加由联合国举办的“共同构建人类命运共同体：全球人权治理的新路径”主题边会，出访南美三国交流人权事业的发展状况，赴日内瓦参加联合国人权理事会第36次会议及边会，参加亚洲残障与性别平等研讨会及东亚残障研究论坛等大型会议或学术交流活动。

（二）组织国际论坛和国际研讨会

1. 北京人权论坛

2008—2018年间，中国人权研究会和中国人权发展基金会联合在北京主办了8届“北京人权论坛”。第一届于2008年4月21—23日举办，主题为“发展、安全与人权”。第二届于2009年11月举办，主题为“和谐发展人权”，下设“国际金融危机背景下的人权保障”“以人为本的发展与人权保障”“清除贫困和人权保障”3个分议题。第三届于2010年10月举办，主题为“人权与发展：概念、模式、途径再思考”，下设“科学发展与人权”“文化多样性与人权”“全球治理与人权”3个分议题。第四届于2011年9月举办，主题为“文化传统、价值观与人权”，下设“价值观与人权”“文化传统与人权”“人类尊严与人权”3个分议题。第五届于2012年12月举办，主题为“科技、环境与人权”，下设“科技发展与人权”“信息时代与人权”“环境与人权”3个分议题。第六届于2013年9月举办，主题为“建设可持续的人权发展环境”。第七届于2014年9月举办，主题为“中国梦：中国人权事业的新进展”。第八届于2015年9月举办，主题为“和平与发展：世界反法西斯战争

2018年9月，“2018·北京人权论坛”在北京举行。图为联合国粮农组织农村减贫战略项目主任本杰明·戴维斯在开幕式上致辞。

的胜利与进步”，下设“世界反法西斯战争：人权和反人权的博弈和教训”“维护人权和维护世界和平：中国的卓越贡献”“和平权：人权的重要内涵”“二战胜利后发展权的实现与保障”4个分议题。2018年9月18日，“2018·北京人权论坛”在北京举行，论坛以“消除贫困：共建一个没有贫困、共同发展的人类命运共同体”为主题，并设置4个分论坛，主题分别是：消除贫困与生存权发展权的实现，中国的扶贫理念、成就、经验的人权意义，减贫的国际合作与人权保障，构建人类命运共同体与人权保障。

2. 中美司法与人权研讨会

2008—2018年，中国人权发展基金会、中国人权研究会和美国美中关系全国委员会共同主办了8届“中美司法与人权研讨会”。第一届于2009年12月在江苏省南通市举办，中美双方60多位专家学者围绕“加强法治、维护人权”的主题，就政务公开、审前羁押、行政处罚、律师作用等议题进行了深入探讨。第二届于2010年12月在福建省厦门市举办，中美双方50多位专家学者围绕“加强法治、维护人权”的主题，就政务公开、开放社会、规范司法及律师作用等议题进行了深入研讨。第三届于2011年9月在美国纽约举办，中美双方20多位专家学者就政务公开、法律执行程序及过程中的信息披露、律师作用及法官职责等议题展开对话，深入探讨了两国在司法与人权领域的许多问题和立场。第四届于2012年12月在海南省海口市举办，中美双方40多位专家学者围绕“加强法治、维护人权”的主题，就政务公开、法官和律师职责、执法机构权限等议题进行深入研讨。第五届于2013年9月在美国纽约举办，中美双方代表就政府信息公开、案例指导制度、刑事诉讼法、律师作用等与人权密切相关的议题进行了深入研讨。第六届于2015年12月在北京举办，中美两国近40位人权、司法领域专家学者、法官、律师以及相关领域人士围绕“法

2015 年 12 月，第六届中美司法与人权研讨会在北京举行。

治国家建设和加强人权保障”主题进行了深入研讨。第七届于 2017 年 11 月在美国纽约举行，中美双方 20 多位专家学者及法官、律师等相关人士与会，围绕“司法建设与人权保障”的主题进行了深入研讨。会议期间，中方代表团介绍了中国全面推进依法治国、深化司法体制改革、修改完善诉讼制度、保障律师执业权利等方面的情况。第八届于 2018 年 12 月在北京举行，来自中美两国的 50 余名专家学者就以审判为中心的刑事诉讼制度与美国诉辩交易、政府监察与透明度建设、移民及反恐方面的人权保障问题、特定群体权利保障等议题进行了深入研讨。会议期间，美方代表还访问了最高人民法院，参观了北京互联网法院。

3. 中英司法圆桌会议机制

2014 年中英双方设立中英司法圆桌会议机制。2014—2018 年，中国最高人民法院和英国最高法院主办了 5 届中英司法圆桌会议。第一届于 2014 年 12 月在中国最高人民法院举行，主题为“法官培训”；第二届于2015年10月在英国最高法院举行，主题为“司法与传媒”；第三届于2016年5月在中国最高人民法院举行，主题为“新世纪的司法正义”。第五届于2018年10月在上海市举行，会议以“跨境司法合作”为主题，中英两国代表围绕“共同打击跨境有组织犯罪中的证据交换”“在金融全球化的背景下建立专业化、多元化金融审判和纠纷解决机制”议题展开交流。

4. 中欧人权研讨会

2015年12月，第一届中欧人权研讨会在法国斯特拉斯堡欧洲人权法院举行。研讨会由中国人权研究会、欧洲人权法院、斯特拉斯堡大学法学院和非政府组织国际人权研究院共同举办，中欧法律界人士、专家学者围绕“儿童权利保障”这一主题进行了深入交流。2016年9月，第二届中欧人权研讨会在中国重庆举办，由中国人权研究会主办、西南政法大学人权研究院承办，来自中欧人权领域50多位专家学者围绕“少数民族权利保障”这一主题进行了交流。2017年7月，第三届中欧人权研讨会在荷兰阿姆斯特丹举行。此次研讨会由中国人权研究会和阿姆斯特丹自由大学共同主办、西南政法大学人权研究院与荷兰跨文化人权研究中心共同承办。来自中国和欧盟的50余位专家学者出席研讨会，围绕“残疾人权利保障”这一主题展开深入讨论。2018年6月，第四届中欧人权研讨会在比利时布鲁日举行。中欧60多位专家围绕“文明多样性与人权保障”这一主题进行了研讨交流。

5. 中德人权研讨会

1999—2019年中国人权发展基金会、中国国际交流协会、德国艾伯特基金会共同主办了12届中德人权研讨会，在国际社会产生了良好反响。自第三届起，中德人权研讨会被列入中德两国总理确定的“法律交流与合作”长期项目，受到双方政府高度重视。第三届中德人权研讨会于2001年7月在北京举行，主题为“人权发展与法制建设”；第四届于2002年6月在德国斯图加特市举行，主题为“变革社会中的妇女平等”；第五届于2003年10月28—29日在北京举行，主题为“人权发展与青少年权益”；第六届于2004年7月在德国举行，主题为“人权与青少年权益”；第七届于2005年10月在北京举行，主题为“宪法、法律与人权保障”；第八届于2006年10月在德国柏林举行，主题为“人权与司法”；第九届于2008年10月在北京举行，主题为“人权与和谐社会”；第十届于2012年9月在河北省承德市举行，主题为“联合国人权普遍定期审议机制及对外交政策的影响”；第十二届于2014年7月在北京举行，主题为“国际法与人权保障”。2016年12月，2016·中德人权发展论坛在北京召开，论坛主题为“和平发展与人权保障”。2017年12月，由中国人权发展基金会、德国弗里德里希·艾伯特基金会共同主办的2017·中德人权发展论坛在北京举行，论坛主题为“特殊群体的权益保障”。2019年3月，2019·中德人权发展论坛在德国柏林举行，论坛以“社会发展与人权进

2016年11月，中德第十四次人权对话在德国举行。

步——70 年回顾与展望”为主题，来自中德两国人权领域的专家学者围绕“扶贫与人权”“社会保障体系建设与人权”“可持续发展与人权”“21世纪反恐怖主义及其与人权的关系”等议题展开深入研讨交流。作为中国与欧洲国家迄今交流次数最多的研讨会，中德人权研讨会和中德人权发展论坛在达成东西方国家人权观念共识、促进世界人权事业发展方面发挥了重要带头作用。

6. 人权文博国际论坛

2009 年 11 月，由中国人权发展基金会主办、成都市对外文化交流协会承办的首届人权文博国际论坛在四川省成都市成功举行。论坛主题为“尊重历史，珍爱和平，维护人权”，来自中国、乌克兰、波兰、日本、韩国、缅甸等国第二次世界大战纪念博物馆的负责人、专家学者共 40 余人，就二战纪念博物馆进行历史人权和平教育情况、在国际人权交流合作中的作用、博物馆功能拓展等议题进行了深入讨论。2014 年 12 月，中国人权发展基金会和中国人民抗日战争纪念馆在北京联合主办第二届人权文博国际研讨会，主题为“以史为鉴，珍爱和平，维护人权”。来自中国、俄罗斯、法国、乌克兰、比利时、以色列、巴西、韩国等 15 个国家和地区的反法西斯战争等类博物馆、纪念馆负责人和代表，以及从事第二次世界大战史、抗战史研究的专家学者 100 多人出席了研讨会。2017 年 11 月，在南京大屠杀发生 8 0 周年之际，由中国人权发展基金会、中国博物馆协会、江苏省对外文化交流协会联合主办的第三届人权文博国际研讨会在江苏省南京市举行。研讨会主题为“历史・和平・人权”，来自中国、塞尔维亚、白俄罗斯、捷克等 18 个国家的近百名反法西斯战争博物馆、纪念馆负责人及相关专家学者就文博机构记录和维护史实、开展和平人权教育、加强国际交流合作、构建人类共同记忆等议题进行了研讨交流。

第四章
中国能够为世界人权事业做些什么

大发展、大变革与大调整是当今世界发展趋势，全球治理体系与国际秩序的变革正加速推进，世界各国相互联系与依存日益加深。与此同时，人类社会面临的不稳定性与不确定性问题仍然非常突出，全球经济发展不平衡，贫富分化状况严重，恐怖主义与战争、网络安全、清洁饮用水短缺、传染性疾病等问题仍然对人类社会构成挑战。以往的国际治理理念和体系在应对现实的国际局势和世界人权保障时已显得力所不逮，新的治理理念和治理体系亟待确立。

作为世界上最大的发展中国家，中国改革开放 40 多年取得了举世瞩目的成就，成为世界第二大经济体。中国始终秉承“四海之内皆兄弟”的处世之道、“达则兼济天下”的价值追求，以及中华文明历经沧桑始终不变的“天下”情怀，在发展造福本国国民的同时，积极推动全球治理理念、实践创新，在国内发展条件具备以及外部环境成熟的基础上，提出了富有创造力的“人类命运共同体”理念。“人类命运共同体”是一种整体意识、全球思维、人类观念，核心在于和平发展、合作共赢，本质上是以构建合作共赢为核心的新型国际关系为战略目标，以平等、互利、互鉴、共建、可持续为基本特征。它继承了中国传统优秀文化的精华，也发展了马克思主义共同体思想，同时又在当代中国外交理念基础上实现了创新，体现了中国特色和中国智慧。在“人类命运共同体”理念的基础上，中国以“一带一路”建设、“南南人权合作”为依托，积极推动共建人类命运共同体实践，为世界人权保障贡献中国方案。

第一节 构建人类命运共同体的愿景和意义

一、“人类命运共同体”的提出及含义

（一）“人类命运共同体”的提出

“命运共同体”理念，首次提出是在 2013 年 10 月召开的周边外交工作座谈会上。在这次会议上，习近平总书记指出，“要对外介绍好我国的内外方针政策，讲好中国故事，传播好中国声音，把中国梦同周边各国人民过上美好生活的愿望、同地区发展前景对接起来，让命运共同体意识在周边国家落地生根。” “命运共同体”概念的提出，不仅仅是为了服务于中国国家利益，更是为了周边国家以及亚太地区国家的共同发展，“要本着互惠互利的原则同周边国家开展合作，编织更加紧密的共同利益网络，把双方利益融合提升到更高水平，让周边国家得益于我国发展，使我国也从周边国家共同发展中获得裨益和助力。要倡导包容的思想，强调亚太之大容得下大家共同发展，以更加开放的胸襟和更加积极的态度促进地区合作。这些理念，首先我们自己要身体力行，使之成为地区国家遵循和秉持的共同理念和行为准则。”

在 2013 年 11 月举行的中央外事工作会议上，“命运共同体”理念得到进一步明确，并应用于构建新型国际关系与拓展中国外交战略布局。习近平总书记在这次会议上强调：“要切实抓好周边外交工作，打造周边命运共同体，秉持亲诚惠容的周边外交理念，坚持与邻为善、以邻为伴，坚持睦邻、安邻、富邻，深化同周边国家的互利合作和互联互通。要切实运筹好大国关系，构建健康稳定的大国关系框架，扩大同发展中大国的合作。”

2015 年 9 月 28 日，习近平主席在第 70 届联合国大会上首次提出并系统阐释了“人类命运共同体”理念。习近平指出：“和平、发展、公平、正义、民主、自由，是全人类的共同价值，也是联合国的崇高目标。目标远未完成，我们仍须努力。当今世界，各国相互依存、休戚与共。我们要继承和弘扬联合国宪章的宗旨和原则，构建以合作共赢为核心的新型国际关系，打造人类命运共同体。”在这次会议上，习近平主席辩证地论述了中国发展与世界发展的关系——相互依存，共同发展。他强调，中国的发展离不开世界各国，“中国人民的梦想同各国人民的梦想息息相通。实现中国梦，离不开和平的国际环境和稳定的国际秩序，离不开各国人民的理解、支持、帮助”；与此同时，中国的发展有利于世界的繁荣，“中国将始终做全球发展的贡献者，坚持走共同发展道路，继续奉行互利共赢的开放战略，将自身发展经验和机遇同世界各国分享，欢迎各国搭乘中国发展‘顺风车’，一起来实现共同发展。”

2017 年 1 月 18 日，习近平主席在联合国日内瓦总部对“人类命运共同体”理念作了进一步阐述，并丰富其内容。习近平指出，构建人类命运共同体，国际社会要从伙伴关系、安全格局、经济发展、文明交流、生态建设等方面作出努力。第一，坚持对话协商，建设一个持久和平的世界；第二，坚持共建共享，建设一个普遍安全的世界；第三，坚持合作共赢，建设一个共同繁荣的世界；第四，坚持交流互鉴，建设一个开放包容的世界；第五，坚持绿色低碳，建设一个清洁美丽的世界。

2017 年 2 月，联合国社会发展委员会第 55 届会议协商一致通过“非洲发展新伙伴关系的社会层面”决议，呼吁国际社会本着合作共赢和构建人类命运共同体的精神，加强对非洲经济社会发展的支持。同时，决议欢迎并敦促各方进一步促进非洲区域经济合作进程，推进“丝绸之路经济带和 21 世纪海上丝绸之路”倡议等便利区域互联互通的举措。这是“构建人类命运共同体”理念首次写入联合国决议 。2018 年 3 月，联合国人权理事会第 37 届会议通过中国提出的“在人权领域促进合作共赢”决议。决议呼吁各国共同努力，构建相互尊重、公平正义、合作共赢的新型国际关系，构建人类命运共同体，强调各国要坚持多边主义，加强人权领域对话与合作，实现合作共赢。

2017 年 10 月 18 日，习近平总书记在中共十九大报告中提出，坚持和平发展道路，推动构建人类命运共同体。这是“人类命运共体”理念首次在中国国内重大政治性报告中得到定位与阐释。习近平总书记再次强调：“我们呼吁各国人民同心协力，构建人类命运共同体，建设持久和平、普遍安全、共同繁荣、开放包容、清洁美丽的世界。”中共十九大报告总结和发展了中共十八大以来形成的关于“人类命运共同体”的理念内涵、具体途径、最终目标等论述，这些内容构成了“人类命运共同体”的基本体系。

2018 年 3 月 11 日，第十三届全国人民代表大会第一次会议通过宪法修正案，“推动构建人类命运共同体”写入宪法序言，正式确认了“人类命运共同体”在中国国内的法律地位。

面对纷杂的国际形势与人类的未来发展，推动建设“人类命运共同体”，是中国领导人基于对世界大势的准确把握而提出的“中国方案”。

（二）“人类命运共同体”的含义

“人类命运共同体”理念植根于源远流长的中华文明和波澜壮阔的中华民族复兴实践，是对人类社会过往遭遇和未来发展趋势的深刻洞察，契合世界各国人民谋发展、求和平、促合作的共同意愿和崇高追求，有着深刻丰富的理论内涵。

“人类命运共同体”是21世纪初由中国共产党首先提出、倡导并推动的一种具有社会主义性质的国际主义价值理念和具体实践。它强调在多样化社会制度总体和平并存、各国之间仍然存在利益竞争和观念冲突的现代国际体系条件下，每一个国家在追求本国利益时兼顾他国合理关切，在谋求本国发展中促进各国共同发展，其核心理念是和平、发展、合作、共赢，其理论原则是新型义利观，其建构方式是结伴而不结盟，其实践归宿是增进世界人民的共同利益、整体利益和长远利益。[①]

“人类命运共同体”理念直指阻碍人类社会发展进步的顽疾，主张用对话协商拆解国家间的猜忌与戒备，用共建共享卸下以邻为壑的“篱笆”，用合作共赢拧开世界经济动力的阀门，用交流互鉴疏通文明之间的分歧与误解，用绿色低碳铲除环境破坏与污染的源头。其最终目的是：建立平等相待、互商互谅的伙伴关系；营造公道正义、共建共享的安全格局；谋求开放创新、包容互惠的发展前景；促进和而不同、兼收并蓄的文明交流；构筑尊崇自然、绿色发展的生态体系；维护世界各国人民的共同利益。

① 李爱敏：《人类命运共同体：理论本质、基本内涵与中国特色》，《中共福建省委党校学报》2016年第2期。

二、构建“人类命运共同体”的愿景

（一）建立平等相待、互商互谅的伙伴关系

人类历史上战乱频仍，生灵涂炭，教训惨痛而深刻。要和平不要战争是各国人民朴素而真实的愿望。建设一个持久和平的世界，根本要义在于国家之间要构建平等相待、互商互谅的伙伴关系，这也是“人类命运共同体”愿景得以实现的基础。世界的前途命运必须由各国共同掌握。世界各国一律平等，不能以大压小、以强凌弱、以富欺贫。《联合国宪章》贯穿主权平等原则，主权原则不仅体现在各国主权和领土完整不容侵犯、内政不容干涉，还应该体现在各国自主选择社会制度和发展道路的权利应当得到维护，体现在各国推动经济社会发展、改善人民生活的实践应

2017 年 12 月 7 日，南南人权论坛在北京举行“构建人类命运共同体与促进全球人权治理”主题分论坛。

当受到尊重。

国际社会要坚持多边主义，不搞单边主义；要奉行双赢、多赢、共赢的新理念，扔掉我赢你输、赢者通吃的旧思维。协商是民主的重要形式，也应该成为现代国际治理的重要方法，要倡导以对话解争端、以协商化分歧。各国要在国际和区域层面建设全球伙伴关系，走出一条“对话而不对抗，结伴而不结盟”的国与国交往新路。大国之间相处，要不冲突、不对抗、相互尊重、合作共赢；大国与小国相处，要平等相待，践行正确义利观，义利相兼，义重于利。

（二）营造公道正义、共建共享的安全格局

2017 年 9 月 26 日，中国国家主席习近平在北京出席国际刑警组织第 86 届全体大会开幕式并发表题为《坚持合作创新法治共赢 携手开展全球安全治理》的主旨演讲。他强调，中国愿同各国政府及其执法机构、各国际组织一道，高举合作、创新、法治、共赢的旗帜，共同构建普遍安全的人类命运共同体。这是习近平主席再次深刻阐述“人类命运共同体”理念，充分彰显深远的历史眼光和深厚的天下情怀，为世界和平发展指明了正确方向。

实现各国共同安全，是构建人类命运共同体的应有之义。当今世界，各国相互联系、相互依存，全球命运与共、休戚相关，和平、发展、合作、共赢从来没有像今天这样成为不可阻挡的历史潮流。同时，我们还必须清醒地看到，当前国际安全形势动荡复杂，传统安全威胁和非传统安全威胁相互交织，安全问题的内涵和外延都在进一步拓展，同时人类社会越来越利益交融、安危与共。安全问题是事关人类前途命运的重大问题，如果解决不好，人类和平与发展的崇高事业就难以顺利推进。在经济全球化时代，各国安全相互关联、彼此影响，没有一个国家能凭一己之力谋求自身绝对

安全，也没有一个国家可以从别国的动荡中收获稳定与发展。

各国要摒弃一切形式的冷战思维，树立共同、综合、合作、可持续的新安全观。坚持以对话解决争端、以协商化解分歧，统筹应对传统和非传统安全威胁，反对一切形式的恐怖主义。国际社会要充分发挥联合国及其安理会在止战维和方面的核心作用，通过和平解决争端和强制性行动双轨并举，化干戈为玉帛。各国要恪守尊重主权、独立和领土完整、互不干涉内政等国际关系基本准则，统筹维护传统和非传统安全。同时要推动经济和社会领域的国际合作齐头并进，消灭传统安全与非传统安全威胁产生的根本性原因，防战争祸患于未然。

（三）谋求开放创新、包容互惠的发展前景

发展，对世界各国人民而言，寄托着生存和希望，象征着尊严和权利。发展是第一要务，适用于各国，而人类命运共同体追求的是共同发展。

2018 年 9 月 14 日，在联合国人权理事会第 39 次会议上，中国代表近 140 个国家呼吁携手合作消除贫困、更好促进和保护人权，表达了广大发展中国家的心声，得到发展中国家热烈响应。

环顾世界，和平与发展仍然是当今时代两大主题。然而当今世界，各种全球性挑战不断涌现，富者愈富、穷者愈穷的趋势愈演愈烈。目前全世界仍有 8 亿人生活在极端贫困之中，每年近 600 万孩子在 5 岁前夭折，近 6000 万儿童未能接受教育。这种西方国家主导的非普惠、不均等发展方式不仅难以持续，也有违公平正义。中国提出的“构建人类命运共同体”，谋求开放创新、包容互惠的发展前景，共同营造人人免于匮乏、获得发展、享有尊严的全新发展环境。构建人类命运共同体，要求加强全球经济治理，健全发展协调机制，各国特别是主要经济体要加强宏观经济政策协调；要维护世界贸易组织规则，支持开放、透明、包容、非歧视性的多边贸易体制，推动建设开放型世界经济；要优化发展伙伴关系，最大限度解决南北之间和地区内部发展失衡问题，让发展成果更多惠及全世界人民，为世界经济全面可持续增长提供新动力。世界各国一起发展才是真发展，可持续发展才是好发展。要实现这一目标，就应该秉承开放精神，推进互帮互助、互惠互利。

（四）促进和而不同、兼收并蓄的文明交流

正如习近平主席所说，“人类文明多样性赋予这个世界姹紫嫣红的色彩，多样带来交流，交流孕育融合，融合产生进步。”人类社会的发展史，是一部不同文明和文化相互交流、互鉴、融合的历史；是一部不断创造文明、创新文明的历史。“物之不齐，物之情也。”迈向命运共同体，必须坚持不同文明兼容并蓄、交流互鉴。不同文明没有优劣之分，只有特色之别。人类历史就是一幅不同文明相互交流、互鉴、融合的宏伟画卷。

美国学者亨廷顿提出的文明冲突论在西方一直颇有市场，文明之间的差异与分歧常被某些人解读为冲突的根源，一些国家和地区发生的冲突似乎也证实了这一理论。但通过仔细研究，我们发现，当今世界冲突

中的文明与文化冲突只是表面现象，深层次的是利益的冲突，是世界多元格局反抗一元霸权的过程。构建人类命运共同体，就是要尊重各种文明，反对西方一元中心主义，通过平等相待、互学互鉴、兼收并蓄，推动人类文明实现创造性发展。

在经济全球化的今天，文明与文化仍是多样的，文明与文化的互鉴共进是合作共赢的重要体现。和而不同是一切事物发生发展的规律，每个国家和民族的文明都扎根于本国本民族的土壤之中，都有自己的特色、长处和优点。习近平主席强调，“每个国家、每个民族不分强弱、不分大小，其思想文化都应该得到承认和尊重。进行文明相互学习借鉴，要坚持从本国本民族实际出发，坚持取长补短、择善而从，讲求兼收并蓄”。每个国家和民族的文明与文化，都有其独特的价值与魅力，各个国家和民族都应以开放、包容的心态对待其他国家和民族的文明与文化。

通过构建人类命运共同体，加强与不同国家和民族的文明与文化交流，有利于增进各国人民的相互了解，使人们树立人类命运共同体意识，达成共同推进人类社会文明进步的共识，推动人类社会的和平与发展。

（五）构筑尊崇自然、绿色发展的生态体系

人类命运共同体亦是“生命共同体”。作为自然存在物，人类的产生、存在和发展离不开自然界所提供的物质保障。追求人与自然共生、共存、共荣构成了人类社会发展的永恒主题，一部人类社会发展史，就是一部人与自然积极互动、不断交往的演进史。人类可以利用自然、改造自然，但归根结底是自然的一部分，必须呵护自然，不能凌驾于自然之上。世界各国要解决好工业文明带来的矛盾，以人与自然和谐相处为目标，实现世界的可持续发展和人的全面发展。

一个国家和地区对生态环境资源的使用，往往会影响世界各国民众

2016 年 4 月 22 日，全球应对气候变化新协议《巴黎协定》高级别签署仪式在纽约联合国总部举行，当天有包括中国在内的 175 个国家的代表在《巴黎协定》上签字。

的福祉。生态环境治理成本需要本国支付，但治理收益却不能完全内化为本国独享，在收益外溢效应面前，各国往往会不愿治理，而是加大对生态环境资源的使用力度——这就形成了零和博弈，即一国以消耗更多生态环境资源为代价追求短期经济利益，进而损害他国利益。2015 年 12 月 12 日，习近平主席在气候变化巴黎大会开幕式上明确指出，对气候变化等全球性问题，如果抱着功利主义的思维，希望多占点便宜、少承担点责任，最终将是损人不利己。因此，应该摈弃“零和博弈”的狭隘思维，推动各国尤其是发达国家多一点共享、多一点担当，实现互惠共赢。

解决全球生态环境危机，必须全人类通力合作，任何一个国家、地区或者组织都无法单独引领如此大型的全球生态环境治理行动。构建人类命运共同体为全球生态环境治理行动提供了一个全新平台，各国应以此为载体，构建以《罗马宣言》《京都议定书》《巴黎协定》等国际文件为基础的制度体系，共谋全球生态文明建设之路。

三、构建“人类命运共同体”的意义

（一）有利于维护世界和平与稳定

习近平主席在联合国大会讲到，“以史为鉴，才能避免重蹈覆辙。对历史，我们要心怀敬畏、心怀良知。历史无法改变，但未来可以塑造。铭记历史，不是为了延续仇恨，而是要共同引以为戒。传承历史，不是为了纠结过去，而是要开创未来，让和平的薪火代代相传。”当今世界形势复杂而严峻，强权政治与霸权政治影响着国际和平与稳定；各国之间存在不同的意识形态与政治制度斗争；一些西方国家依然用冷战思维看待新兴国家。中国提出“人类命运共同体”理念，坚持用对话协商代替敌对冲突，倡导世界大国要尊重彼此核心利益和重大关切，管控矛盾分歧，努力构建不冲突不对抗、相互尊重、合作共赢的新型关系；大国对小国要平等相待，不搞唯我独尊、强买强卖的霸道；要秉持和平、主权、普惠、共治原则，把深海、极地、外空、互联网等领域打造成各方合作的新疆域，而不是相互博弈的竞技场。“人类命运共同体”思想蕴含着中国传统文化中的“仁爱”“天下一家”“大同世界”等理念，主张各国相互尊重、合作共赢，摒弃一切形式的冷战思维，树立共同、综合、合作、可持续安全的新观念，进而维护世界和平与稳定。

（二）有利于促进世界经济繁荣与持续发展

二次世界大战后，为促进全球经济恢复发展，建立了布雷顿森林体系。历史地看，经济全球化是社会生产力发展的客观要求和科技进步的必然结果。经济全球化为世界经济增长提供了强劲动力，促进了商品和资本流动、科技和文明进步、各国人民交往交流。然而当下，世界经济仍面临严峻考验。全球增长动能不足，难以支撑世界经济持续稳定增长；全球经济治理滞后，难以适应世界经济新变化；全球发展失衡，难以满足人们对美好生活的期待。同时，当前反全球化、民粹主义思潮在西方国家大行其道，经济发展和利益分配出了问题，随后经济问题又被政治化包装和情绪化表达，最终导致社会分裂加剧。

构建“人类命运共同体”对于解决当今世界的经济问题有着重要的价值与意义。正如习近平主席 2017 年在达沃斯世界经济论坛上阐述的引领世界经济走出困境的四点主张：坚持创新驱动，打造富有活力的增

2018 年 7 月 3 日，中国与非洲国家在联合国人权理事会第 38 次会议期间共同举办主题为“发展和减贫对促进和保护人权的贡献”的国际研讨会，分享中国成功经验。

长模式；坚持协同联动，打造开放共赢的合作模式；坚持与时俱进，打造公正合理的治理模式；坚持公平包容，打造平衡普惠的发展模式。“只要我们牢固树立人类命运共同体意识，携手努力、共同担当，同舟共济、共渡难关，就一定能够让世界更美好、让人民更幸福。”这是“中国方案”对发展世界经济与实现人民幸福的强有力回答。

（三）有利于维护全球生态平衡与人类可持续发展

在某种程度上，“人类命运共同体”也可理解为全球生态共同体。随着全球经济的快速发展，日益严峻的生态环境问题摆在全人类面前。习近平主席在气候变化巴黎大会上指出，“作为全球治理的一个重要领域，应对气候变化的全球努力是一面镜子，给我们思考和探索未来全球治理模式、推动建设人类命运共同体带来宝贵启示。”作为一个负责任的大国，中国勇于承担国际责任，正在大力推进生态文明建设，推动绿色循环低碳发展。中国把应对气候变化融入国家经济社会发展中长期规划，坚持减缓和适应气候变化并重，通过法律、行政、技术、市场等多种手段，全力推进各项工作。同时，“人类命运共同体”理念也倡导国际社会凝聚全球力量，鼓励广泛参与，呼吁各国同舟共济、共同努力。除各国政府，还应该调动企业、非政府组织等全社会资源参与国际合作进程，提高公众意识，形成合力，共同维护全球生态平衡与人类可持续发展。

第二节 人类命运共同体的人权内涵

一、构建人类命运共同体是世界人权保障的途径与归宿

和平与发展的时代主题之下，尊重、包容与多元观成为当今国际社会的主流价值，与此同时，尊重与保障人权理应成为国际社会与各国政府的责任与担当。在更加纷繁复杂的当今社会，“东西之争”“南北差异”的历史遗留问题，凸显出全球人权语境之下人权保护参差不齐甚至令人担忧的现状。因此，全球人权保护与治理已经成为当今世界各国面临的突出问题，也是人类社会共同面临的全球性挑战。

在现代国家发展过程中，国家双边关系共同体和区域关系共同体曾经为世界发展提供原力和指引，但随着世界多极化趋势的发展，全球治理规则和模式发生根本性变化，使得双边共同体与区域共同体规则在面临新的现实的国际局势时显得捉襟见肘。因此，推动全球治理理念创新发展成为时代的召唤，也是历史必然。新的全球治理需要先进理念的引领，而公正合理的全球治理离不开对人类各种优秀文明成果的吸收。中华文化是人类文明史上的灿烂瑰宝，发掘中华文化中积极的处世之道和

治理理念是当今时代的共鸣点。

2017 年 1 月 18 日，中国国家主席习近平在联合国日内瓦总部发表演讲，深入阐述了共同构建人类命运共同体这一时代命题，引起各方热烈反响。推动建设人类命运共同体，源自中华文明历经沧桑始终不变的“天下”情怀。从“以和为贵”“协和万邦”的和平思想，到“己所不欲，勿施于人”“四海之内皆兄弟”的处世之道，再到“计利当计天下利”“穷则独善其身，达则兼济天下”的价值判断……同外界其他行为体命运与共的和谐理念，可以说是中华文化的重要基因，薪火相传，绵延不绝。人类命运共同体理念植根于源远流长的中华文明和波澜壮阔的中国外交实践，为应对当前全球性挑战指明了根本出路，对完善国际人权治理也具有重要启示。

2017 年 6 月 14 日，在联合国人权理事会第 35 次会议期间，中国人权研究会和中国常驻日内瓦联合国代表团在日内瓦万国宫共同主办“构建人类命运共同体与人权”国际研讨会。

发展、促进全球人权治理，是构建人类命运共同体的应有之义。从发展和增进人权的角度看，我们要构建的人类命运共同体是一个人人得享人权的命运共同体。在人类命运共同体视域下，要求我们思考如何加强和改善全球人权状况，以国际人权事业健康发展为路径，最终实现人人得享人权的命运共同体宏伟目标。

当今国际人权现状并非欣欣向荣，一片大好。人类社会在现代化与全球化进程中面临着诸多挑战，如区域性大规模贫困和收入不均衡、社会保障非普遍性、医疗设施条件恶劣、清洁水资源短缺、住房危机等。这些挑战使得当前的全球化进程及发展模式从经济层面变得不可持续，从社会层面变得难以为公众接受。联合国秘书长古特雷斯表示，如果在过去 20 年里全球人权保护得到更好保障，那么今天的很多暴力冲突就可以避免，数以百万计平民的生命就可以得到拯救。他表示，目前全世界爆发的所有暴力冲突都和人权受到侵犯紧密相关。只有进一步尊重和促进人权保护，才能真正实现联合国确立的 2030 年可持续发展目标，从而使我们的星球成为一个具有多样性、包容性和可持续性的和平健康的人类家园。

种种实例表明，各民族和国家的利益具有相关性、连带性和整体性，以前狭隘的民族或国家利益观已无法满足和保障人类对美好生活的愿景。构建人类命运共同体对于化解全球治理困境具有重要的启发意义，它要求确立各国人民和全人类的集体人权，要求各国政府对各项集体人权承担共同和相互的义务，遵循共建共商共享的集体人权平等原则，打破国家行动选择上的囚徒困境，为国际霸权主义行径设定集体人权的边际约束，实现人类整体利益的最大化。[①] 因此，在复杂的国际环境中坚

① 常建：《人类命运共同体与全球治理新格局》，《人民论坛·学术前沿》2017 年 12 月。

持人类命运共同体的思想理念，利益共享、决策共商、责任共担，是促进全球人权健康发展的有效途径。

全球人权规范体系的重构与落实，是人类命运共同体的价值追求。人类命运共同体是权利、义务和责任共同体，它要求各国在追求本国利益时兼顾他国的合理关切，在谋求本国发展中促进各国共同发展。从这个意义上讲，人类命运共同体超越了人类社会中纷繁芜杂的区别差异，着眼于为所有人谋求最大的福利。[①] 习近平主席指出，构建人类命运共同体，要从伙伴关系、安全格局、经济发展、文明交流、生态建设等方面作出努力，建设持久和平的世界、普遍安全的世界、共同繁荣的世界、开放包容的世界、清洁美丽的世界。这对构建公正、合理的国际人权治理体系具有重要指导意义。

国家之间伙伴关系健康发展是促进和保护人权的根本。平等是当代国际关系最重要的准则，也是国际人权法和联合国人权工作的基本原则。“单丝不成线，独木难成林”。国际人权事业繁荣发展应由各国共同商量，全球人权治理体系要求各国共同努力，人权发展成果要由各国人民共同分享。《联合国宪章》宗旨和原则要求各方在主权国家可能范围中以平等的伙伴姿态开展人权交流与合作。各国都要客观公正看待他国人权事业发展，不能把人权政治化，不能借人权干涉他国内政，更不能搞政权更迭。事实证明，将自身价值观和人权发展模式强加于人，肆意干涉他国内政甚至发动战争，只会造成混乱，导致持久动荡。

和平与安全是促进和保护人权的前提。生存权和发展权是最大的

① 曹志建：《人类命运共同体视角下全球人权治理：人类命运共同体所面临的人权问题》，《人权》2017 年第 2 期，45 页。

人权，生存与发展需要和平安全稳定的环境。目前，战乱、冲突和地区动荡仍然是导致大规模侵犯人权现象层出不穷的主要根源。叙利亚儿童艾兰在还不懂“人权是什么”时，就已失去生存权，这值得深思。没有和平，何谈人权？没有安全，何谈尊严？没有稳定，何谈自由？习近平主席在联合国日内瓦总部的演讲中指出：“让和平的薪火代代相传，让发展的动力源源不断，让文明的光芒熠熠生辉，是各国人民的期待，也是我们这一代政治家应有的担当。”[①] 各方应止戈散马、讲信修睦，为促进和保护人权提供基本的外部条件。

共同发展是促进和保护人权的关键。中国古语云：“仓廪实而知礼节。”发展是人类社会永恒的主题，也为实现各项人权创造了基本条件。各方要以联合国《发展权利宣言》为指引，坚持“以发展为基础”落实 2030 年议程，促进经济、社会、环境协调发展，确保人人过上有尊严的生活。各国有权平等参与发展进程，各国人民有权公平分享发展成果。国际社会要拓宽南北合作主渠道，加大对发展中国家的帮扶力度，优先帮助发展中国家消除饥饿和贫困，实现生存权和发展权，“不让一个人掉队”。

包容共享是促进和保护人权的动力。“世界上没有两片完全相同的树叶。”社会因包容而丰富，文明因多样而精彩。世界上没有放之四海而皆准的人权发展道路和保障模式。人权事业是各国经济社会发展的重要组成部分，必须根据各国国情和人民需求加以推进。各国人权发展理念和实践的丰富多彩，应成为国际人权事业欣欣向荣的源泉，而不应成为各方对抗对立的根源。不同国家、文明和族群之间应平等

① 习近平：《共同构建人类命运共同体——在联合国日内瓦总部的演讲》，人民网 2017 年 1 月 19 日，http：//finance.people.com.cn/n1/2017/0119/c1004-29034571.html。

交流，相互借鉴，取长补短，共同进步。各方应尊重他国人民自主选择的人权发展道路，坚持建设性对话，妥善处理人权分歧，共同寻求促进和保护人权的有效途径。

人类命运共同体是一个以人类为基础、以人类为目标、以人类内部的治理结构提升为手段的共同体。[①] 这一理念要求各方着眼于地球这个人类共同的家园，考虑人类如何面对环境、核武器等共同的风险，研讨如何形成一个妥善的国际治理架构，如何在经济、社会发展方面形成良好的制度，从而促进整个人类的良好、协调、持续发展，并致力于让每个人能够得到真正的自由。所以，人类命运共同体也是一个人权的共同体。在人类命运共同体思想的指引之下，对于人权会有很多新的理论思路和制度安排。[②]

二、人类命运共同体意味着利益共享

“共同利益”的概念并不是古来有之。早期欧洲君主制时期，城邦利益就是君主个人或家族的利益。进入近现代以后，全球化进程日益加深，人类利益格局出现新的变化：从输赢分化到休戚与共。[③] 经济的全球化发展，导致国与国之间关系呈现出两个突出的特点：一是各国利益的多元分化，二是各国利益的相互依赖加深。[④] 所谓利益的多元分化，

① 参见赵可金：《人类命运共同体与中国公共外交的方向》，《公共外交季刊》2016 年第 4 期；康渝生、陈奕诺：《“人类命运共同体”：马克思“真正的共同体”思想在当代中国的实践》，《学术交流》2016 年第 11 期；叶小文：《“打造人类命运共同体”：中国作为全球性大国的软实力支撑》，《人民论坛》2015 年第 34 期。

② 何志鹏：《人类命运共同体理念对人权理论的贡献》，《人权》2017 年第 5 期，6 页。

③ 常建：《人类命运共同体与全球治理新格局》，《人民论坛·学术前沿》2017 年 12 月，35 页。

④ 同上。

是指在全球化的经济交往中，由于资源禀赋、生产能力等方面的差异，导致各国在全球化的经济交往中扮演的角色不同，获得利益的方式不同，获得利益的多少也不同。

所谓各国利益的相互依赖加深，是指随着经济发展，全球化程度加深，人类社会成为名副其实的地球村，各国利益高度交融使不同国家成为一个共同利益链条上的不同环节。任何一环出现问题，都可能导致全球利益链中断。比如，一个国家的粮食安全出现问题，其饥民将大规模涌向别国，交通工具的进步为难民潮的流动提供了可能，而人道理念的进步又使拒难民于国门之外面临很大道义压力。当代互联网的发展又为全球化进程增添了引擎，将世界各国空前紧密地连在一起，在世界任何一点发动网络攻击，看似无声无息，但给对象国经济社会带来的损失却有可能不亚于一场战争。气候变化带来的冰川融化、降水失调、海平面上升等问题，不仅会给小岛国带来灭顶之灾，也将对世界多个沿海发达城市造成极大危害。资源能源短缺关系到人类文明能否延续，环境污染导致怪病多发并跨境流行。面对越来越多的全球性问题，我们应时刻警醒自己："各国相互联系、相互依存，全球命运与共、休戚相关"[①]。

各国相互依存的程度日益加深，通过资本、商品、信息、观念等构成了一个"相互依赖网"[②]。在全球经济、政治、社会、文化各领域之间联系日益密切的背景下，经济上的这种利益分化加剧和相互依赖加深的利益格局，会向政治、军事、社会和文化等各领域传导，形成这些领域普遍的利益分化与相互依赖。

① 习近平：《共同构建人类命运共同体——在联合国日内瓦总部的演讲》，人民网 2017 年 1 月 19 日，http://finance.people.com.cn/n1/2017/0119/c1004-29034571.html。

② 罗伯特·基欧汉、约瑟夫·奈著，门洪华译：《权力与相互依赖》，北京：北京大学出版社，2002 年，第 275 页。

当前西方发达国家主导的全球人权治理体系以维护和增进西方发达国家的利益为主，而不以解决发展中国家面临的发展问题为宗旨。二战后所建立的国际经济秩序为发展中国家提供的有限国际发展空间，以及发达国家在国际规则、制度方面所拥有的绝对控制权，使得发展中国家长期被锁定在“发展”状态上。一方面，发展中国家的经济社会发展严重依赖发达国家所创立的国际经济体系；另一方面，现有的国际体系不足以支撑发展中国家对发展的要求。[①] 构建人类命运共同体以“协调、可持续、包容、普惠”等多元价值为指导方针，是对当前不均衡不平等的全球治理体系的重构。

中国基于利益共享的发展理念，坚持走和平发展的道路，为世界各国提供共享发展的机遇，真诚欢迎世界各国搭乘中国发展的“快车”。2018 年中国国内生产总值突破 90 万亿元，比上年增长 6.6%，经济增速位居世界前五大经济体之首。从增长动力看，消费成为中国经济增长主动力，最终消费支出对国内生产总值增长的贡献率为 76.2%。2018 年中国对全球经济增长的贡献率接近 30%，持续成为世界经济增长最大的贡献者。中国坚定不移发展开放型经济，在开放中与世界分享机会和利益、实现互利共赢，投入更多的人力、物力发展全球互联互通，让世界各国实现联动增长，走向共同繁荣[②]。

中共十八大以来，人类命运共同体理念不断发展完善，逐渐成为经济全球化时代中国向世界提供的核心理念。随着一些西方国家逆全球化浪潮兴起，全球治理面临新的挑战，这一理念在全球得到了越来越多的

① 赵江林：《中国为什么不挑战现有国际秩序》，《人民论坛·学术前沿》2017 年第 2 期（下）。

② 袁祖社：《“共享发展”的理念、实践与人类命运共同体的价值建构》，《南京社会科学》2017 年 12 期，46—53 页。

2017 年 8 月 28 日，联合国开发计划署驻华代表处在北京举行“南南合作下的低碳发展及投融资解决方案国际论坛”，以促进发展中国家间的经验交流，并分享中国的发展解决方案。

认同。[①] 人类命运共同体是责任共同体与利益共同体的有机结合，责任共担与利益共享是基本原则。责任共担与利益共享并不意味着所有国家的责任和利益都是平均分配的。国家之间不仅利益诉求存在差异，承担国际责任的能力也存在差异。只有兼顾不同类型国家的利益诉求和参与全球治理的能力，才能把责任共担与利益共享落到实处。然而，当前发达国家主导全球规则的制定，全球治理面临责任与利益的失衡问题，众多发展中国家没有机会参与其中。中国国家主席习近平指出：“要构建以合作共赢为核心的新型国际关系，摒弃零和游戏、你输我赢的旧思维，

① 李向阳：《人类命运共同体理念指引全球治理改革方向——深入学习习近平同志关于构建人类命运共同体的重要思想》，人民网 2017 年 3 月 8 日，http://theory.people.com.cn/n1/2017/0308/c40531-29130345.html。

树立双赢、共赢的新理念，在追求自身利益时兼顾他方利益，在寻求自身发展时促进共同发展。”中国积极倡导合作共赢，倡导以合作取代对抗、以共赢取代独占。这从根本上摒弃了弱肉强食的丛林法则，有利于开辟国与国之间携手共进、共同发展的新时代，构建人类命运共同体。

人权的实现永无止境，人权事业的发展永远在路上。人权保障没有最好，只有更好。习近平主席提出的构建人类命运共同体重大理念，顺应时代潮流，契合发展要求，体现了全新的人类社会价值追求，为解决包括人权治理在内的全球性问题指明了方向，是中国为推进人类社会发展进步而作出的重大思想贡献。

三、人类命运共同体意味着决策共商

以美国为首的西方发达国家借助其率先实现现代化的优势，抢占世界话语高地，强夺世界标准的制定权、世界事务的终极阐释权和定义权，这是一种话语控制，是典型的话语独裁。随着全球化的不断发展，一批发展中国家和新兴市场国家崛起，成为全球政治经济中不容忽视的力量。然而，广大发展中国家在全球现行政治经济秩序构建中所能发挥的作用相当有限。有学者认为，“国际秩序并没有所谓的历史的终结，它永远会有变化，从历史上看，这样的变化是必然的。”[①] 还有学者提出了这样一种观点，认为不仅美国霸权业已终结，而且“美国世界秩序”或曰“美国领导的自由主义霸权秩序”也将走向终结。[②] 在现行世界秩序行将重

① 《专访郑永年：西方主导的全球化倒退呼唤新的国际秩序》，第1财经网 2016 年 8 月 24 日，http://www.yicai.com/news/5069486.html。

② 阿米塔・阿查亚著，袁正清、肖莹莹译：《美国世界秩序的终结》，上海：上海人民出版社，2017 年版。

构之际，中国提出了“构建人类命运共同体”的方案。该方案秉承任何国家都享有发展权的理念，指出“每个国家都有资格享有人类文明进步的成果，每个国家都有对人类未来发展的参与权和议事权”。命运共同体理念认为人类社会是一个大家庭，仅仅依靠自由的国际秩序无法解决当今社会面临的矛盾和问题，唯有以共同体为主体意识，实行决策共商，才能将人类社会的正能量汇聚在一起，共同解决好人类社会面临的问题。

历史和现实给我们的启迪是，沟通协商是化解分歧的有效之策，政治谈判是解决冲突的根本之道。中国倡导构建的人类命运共同体，不是中国自说自话的独角戏，而是所有参与到共同体中的国家共同商议的共同体。中国愿意同各国进行友好对话，在人类命运共同体理念之下与各国决策共商，坚决反对独断专行、以强凌弱的行为。中国愿意与世界各国携手推动建设“和谐世界”，促进各国不断深化经济上的合作与发展，增进文化上的交流与了解，加强安全上的互信与对话，共同应对可能出现的全球性危机，维护地区乃至世界和平。[①]

构建人类命运共同体理念，须依赖世界各国相互尊重、相互理解、共同进步、共同发展。各国需要一致参与人类命运共同体的构建活动，尤其需要发展中国家积极投入。构建人类命运共同体的首要原则是坚持主权平等。主权平等是数百年来国与国规范彼此关系最重要的准则，也是联合国和其他国际组织共同遵循的首要原则。主权平等之概念业已深入人心，国家不分大小、强弱、贫富，主权和尊严必须得到尊重，内政不容干涉，都有权自主选择社会制度和发展道路。各国作为平等主体共同参与构建人类命运共同体，将有助于进一步实现“共商共建共享”的

① 陈向阳：《以“人类命运共同体”引领世界秩序重塑》，人民网 2016 年 5 月 11 日，http://theory.people.com.cn/n1/2016/0511/c40531-28341925.html。

2018 年 3 月 23 日，联合国人权理事会第 37 届会议通过中国提出的“在人权领域促进合作共赢”决议。决议呼吁各国共同努力，构建相互尊重、公平正义、合作共赢的新型国际关系，构建人类命运共同体，强调各国要坚持多边主义，加强人权领域对话与合作，实现合作共赢。

多方合作原则，促进国际和平与发展事业不断前进。我们要坚持主权平等，推动各国权利平等、机会平等、规则平等，号召各国积极参与推动构建人类命运共同体，各国共同掌握世界命运，共同书写国际规则，共同治理全球事务，共同分享发展成果。

中国发展已经进入新时代，中国将继往开来发挥负责任大国作用，着力构建人类命运共同体，促进发展中国家有效参与全球治理。人人充分享有人权，是人类社会的伟大梦想。对于如何实现“伟大梦想”，中共十九大报告提出，要推动构建新型国际关系，推动构建人类命运共同体。“当今世界，发展中国家人口占 80% 以上，全球人权事业发展离不开广大发展中国家共同努力。”[①] 构建人类命运共同体反映了大多数国家的普遍期待，与推动世界人权事业进步并行不悖。我们坚信，世界各国通力合作、求同存异，共同应对危机，共同协商决策国际事务，是实现世界和平与发展的重要途径和发展趋势。

总之，构建人类命运共同体，离不开所有发展中国家和发达国家的参与、支持。中国愿与世界各国共同商议、共同决策，尊重各主权国家的意见。中国作为发展中国家的一员，秉持合作共赢的发展理念，倡导所有发展中国家积极投身于构建人类命运共同体，坚持以合作促发展、以共赢促进步。

四、人类命运共同体意味着责任共担

“‘这是最好的时代，也是最坏的时代’，英国文学家狄更斯曾这样描述工业革命发生后的世界。今天，我们也生活在一个矛盾的世界之中。一方面，物质财富不断积累，科技进步日新月异，人类文明发展到历史最高水平。另一方面，地区冲突频繁发生，恐怖主义、难民潮等全球性挑战此起彼伏，贫困、失业、收入差距拉大，世界面临的不确定性上升。”[②]

面对 21 世纪具有多重可能性和不确定性情况的出现，作为传统全球治理格局主导者的美国，所作出的选择是“本国优先”。美国现任总统特朗普在 2017 年 1 月上台之初，便决定退出“跨太平洋伙伴关系协定”

① 习近平：《致首届“南南人权论坛”贺信》，人民网 2017 年 12 月 7 日，http://www.xinhuanet.com/2017-12/07/c_1122073544.htm。

② 习近平：《共担时代责任，共促全球发展——在世界经济论坛 2017 年年会开幕式上的主旨演讲》，新华网 2017 年 1 月 17 日，http://www.xinhuanet.com/2017-01/18/c_1120331545.htm。

（TPP），认为该协定会损害美国的制造业，是美国“潜在的灾难”；他要求重新协商北美自由贸易协定，认为该协定是美国劳工失业与低薪的罪魁祸首。2017年6月，美国不顾世界经济发展大趋势以及盟国的劝说，决意退出《巴黎协定》。作为世界第二大温室气体排放国，美国退出《巴黎协定》将对全球气候治理模式产生重大影响。联合国秘书长古特雷斯表示，美国退出《巴黎协定》严重削弱了减少温室气体排放的全球努力。在美国宣布退出《巴黎协定》之际，中国政府表示，气候变化是全球性挑战，没有任何一个国家能够置身事外，中方愿与有关各方共同努力，共同维护《巴黎协定》成果，推动全球绿色、低碳、可持续发展。

近年来，美国经济复苏乏力、贫富差距加大、国内矛盾丛生、种族歧视盛行，加之本土主义、民粹主义、反精英、反全球化的力量大行其道，使其不再希望成为全球安全和公共产品的提供者，转而追求单边主义、甚至民族主义的外交政策。特朗普宣扬的“美国优先”原则，不但使自己站在了全世界的对立面，更使美国与传统盟友之间的矛盾日益凸显。美国作为唯一超级大国的地位面临重大变化，全球治理格局面临重大调整，迫切需要构建国际经济政治新秩序。

人类只有一个地球，各国共处一个世界，国际社会日益成为一个你中有我、我中有你的“命运共同体”。面对世界经济的复杂形势和全球性问题，任何国家都不可能独善其身。当前世界，虽然全球化是大势所趋，但遭遇“逆全球化”浪潮的阻力，区域一体化深受影响。世界怎么了？我们怎么办？国际社会对未来发展方向感到迷茫彷徨。在此背景下，中国勇担大国责任，跳出“零和博弈”思维，提出了自己的新方案、新思路——推动构建“人类命运共同体”。这一“中国方案”以推动各国尤其是发达国家多一点共享、多一点担当为愿景，以最终实现全球善治新局面为目标，是中国为推动全球治理所贡献的一剂良方。

2017 年 11 月 15 日，德国波恩气候大会上，“基础四国”举行联合记者会，呼吁发达国家兑现 2020 年减排目标和对发展中国家的资金承诺。图中从左至右依次为印度、巴西、中国、南非四国代表。

构建人类命运共同体理念不但是中国的，更是世界的，是世界的交响协奏乐曲，需要国际社会紧密团结，休戚与共。

习近平总书记在中共十九大报告中呼吁各国人民同心协力，构建人类命运共同体，建设持久和平、普遍安全、共同繁荣、开放包容、清洁美丽的世界。中国将继续积极承担国际责任，发挥大国作用，踊跃参与全球治理，推动国际社会和平和进步，携手世界各国共同打造“人类命运共同体”。

第三节
人类命运共同体的实践依托

当今世界，人类社会发展和人权保障依然面临诸多威胁和挑战。冲突、战争、极端主义、恐怖主义酿造出令人震惊的苦难，迫使数以百万计的人们逃离家园；反全球化不仅使人类社会发展面临重大的倒退，而且使民族主义、民粹主义再次泛起，人权保障遭受严重威胁；发展不平衡、不协调、不可持续的问题依然突出；环境污染的负面影响日益明显，《巴黎协定》落实举步维艰。构建人类命运共同体，就是针对这些问题而作出的中国思考，是为世界各国人民的人权得到更好的保障而提出的中国方案，充分体现了中国智慧。构建人类命运共同体的理念，从时空维度对人类整体进行关怀，将“你”“我”变成“我们”，更加强调世界上每个国家和每个国家的人民都享有平等的权利和机会，都是全球治理的平等参与者。这一理念站在全球化视域认识世界人权事业的发展，既坚持了人权的普遍性原则，又强调了人权的差异性；既坚持了人权的价值正义，又突出了人权的时代内涵。这一理念顺应了全球化发展大势，超越了传统人权观，更加注重人权的全面发展，更加注重人权的共同发展，更加注重人权的包容发展，更加注重人权的可持续发展，更加注重人权的合作发展。中国积极推动“一带一路”建设和“南南人权合作”，是国际人权合作的典范，也正是构建人类命运共同体的实践。

一、“一带一路”建设

中国是构建人类命运共同体理念的倡导者，也是这一理念的坚定推进者和实践者。中国提出共建“一带一路”倡议，是中国为世界提供的一项充满东方智慧、实现共同繁荣发展的方案，也是中国人民和各国人民为构建人类命运共同体而展开的一场伟大实践。2013 年 9 月和 10 月，中国国家主席习近平先后提出建设“丝绸之路经济带”和“21 世纪海上丝绸之路”的倡议，借用古代丝绸之路的历史符号，高举和平发展的旗帜，积极发展与沿线国家的经济合作伙伴关系，共同打造政治互信、经济融合、文化包容的利益共同体、命运共同体和责任共同体。“一带一路”建设秉承共商、共享、共建原则，恪守《联合国宪章》的宗旨和原则，遵守和平共处五项原则，坚持开放合作，坚持和谐包容，坚持市场运作，坚持互利共赢。[1]“一带一路”着眼于搭建全球化平台，致力于各国共同繁荣发展，逐渐成为沿线各国人民共同的追求。“一带一路”建设是构建人类命运共同体的伟大探索和实践，也是走向人类命运共同体的重要路径。

中国提出“一带一路”倡议，为构建人类命运共同体、实现共赢共享作出了示范和表率。“一带一路”倡议奉行共建共享理念，主张沿线国家在互利共赢的前提下开展合作，兼顾各方利益和关切，寻求利益契合点和合作最大公约数，实现双方和多方的共赢。“一带一路”倡议不

① 《推动共建丝绸之路经济带和 21 世纪海上丝绸之路的愿景与行动》，新华网 2015 年 3 月 28 日，http://www.xinhuanet.com/finance/2015-03/28/c_1114793986.htm。

仅是促进中国与东亚、南亚、中亚、中东欧，甚至非洲、拉美等地区之间的经济合作的重要平台，也是文化交流、人员往来之路，体现了尊重差异、尊重多元文化和价值的历史传统和人文精神。

“一带一路”倡议本身即包含了尊重和保护人权的因素。“一带一路”将为沿线国家经济发展带来新机遇，进而为全球经济增长注入新动力。如果说构建人类命运共同体是中国为全球人权治理贡献的顶层设计和战略引领，那么“一带一路”倡议就是中国为推进沿线国家全面发展、助力人权治理而提供的实践方案。

发展是人类社会永恒的主题，寄托着生存和希望。发展权是一项不可剥夺的人权，象征着人类的尊严和荣耀。发展权是当今世界实现最不平衡的权利之一，这一点在广大发展中国家体现尤为突出，很多发展中

当地时间 2018 年 6 月 13 日，中国常驻联合国代表团同联合国经社事务部、联合国开发计划署和世界卫生组织驻联合国办事处在纽约联合国总部共同举办“‘一带一路’倡议和 2030 年可持续发展议程”高级别研讨会。

国家人民的发展权并没有比过去得到更好的实现。发展中国家面临的传统性或者非传统性人权挑战，只有在发展中才能解决。面对全球发展中国家不令人乐观的人权治理现状，“一带一路”倡议将成为促进沿线发展中国家发展权以及和平安全权实现的全新动力来源。

“一带一路”倡议的建设总框架是“五通”，即政策沟通、设施联通、贸易畅通、资金融通、民心相通。政策沟通被列在“五通”之首，是其他“四通”顺利实现的重要基础和根本保障。政策沟通的重要目的是要在“一带一路”沿线参与国之间建立政治互信。政策沟通不畅，政治互信不足，“一带一路”建设就无法顺利推进。其他“四通”则是在政策沟通的基础和前提下，从实质性层面为推动沿线国家特别是南南国家的经济、社会、绿色发展提供实践支撑。

（一）“一带一路”建设提速沿线国家经济发展

良好的经济发展将为发展权的实现奠定坚实的基础。“一带一路”建设通过设施联通、贸易畅通、资金融通，为沿线发展中国家的经济发展注入新的活力。

基础设施是社会生活和经济活动不可或缺的重要载体，良好的基础设施是深化交流、畅通贸易的前提条件。“一带一路”沿线国家特别是南南国家基础设施建设滞后，已严重影响其经济社会发展。“一带一路”建设将基础设施的互联互通作为优先领域，并且把交通、能源、通信这三大领域作为建设的重点，着力补齐沿线国家普遍存在的基础设施短板。

贸易是经济增长的重要引擎。贸易畅通是“一带一路”建设的重要内容。“一带一路”倡议提出 5 年来，在经济全球化、区域一体化的时代大潮下，中国与沿线国家贸易往来不断扩大，贸易总额已超过 5 万亿美元，成为 25 个沿线国家最大贸易伙伴；中国对“一带一路”沿线国家

2016年10月，由中国企业采用全套中国标准和中国装备建造的非洲第一条跨国现代电气化铁路——亚吉铁路正式通车。

直接投资超过700亿美元，年均增长7.2%，在沿线国家新签对外承包工程合同超过5000亿美元，年均增长19.2%；中国企业在沿线国家建设境外经贸合作区82个，累计投资289亿美元，为当地创造24.4万个就业岗位。

资金支持为“一带一路”建设注入强劲动力，资金融通是“一带一路”建设的重要支撑。“一带一路”沿线多为发展中国家，经济建设和社会发展愿望强烈，但其基础设施建设等重大项目面临着建设能力不足、资金短缺等问题，融资需求较大。

“一带一路”倡议实施以来，为了解决资金短缺的问题，中国积极筹划建立金砖国家新开发银行、亚洲基础设施投资银行等多边金融机构，2014 年 11 月，中国政府又宣布出资 400 亿美元成立丝路基金，为“一带一路”建设提供强大的金融支持。截至 2018 年底，金砖国家新开发银行批准金砖五国项目达 80 亿美元；亚洲基础设施投资银行在 18 个成员国开展 45 个项目，共计批准贷款 85 亿美元；丝路基金已决策投资 28 个项目，承诺投资金额超过 110 亿美元；截至 2019 年 7 月，“丝路基金”投资达 40 亿美元，中国同中东欧“16+1”金融控股公司正式成立。这些新型金融机制同世界银行等传统多边金融机构各有侧重、互为补充，形成层次清晰、初具规模的“一带一路”金融合作网络。[①]

此外，中国政府还将向沿线发展中国家提供 20 亿元人民币紧急粮食援助；向南南合作援助基金增资 10 亿美元，用于发起中国—联合国 2030 年可持续发展议程合作倡议，支持在沿线国家实施 100 个“幸福家园”、100 个“爱心助困”、100 个“康复助医”等项目；向有关国际组织提供 10 亿美元，共同推动落实一批惠及沿线国家的国际合作项目，包括向沿线国家提供 100 个食品、帐篷、活动板房等难民援助项目。[②]

贫穷是实现人权的最大障碍。“一带一路”沿线国家大多为低速增长的中等收入国家，对经济发展、改善民生有着迫切的需求。“一带一路”建设的核心目标是促进沿线各国的经济发展、提升人民群众生活水平，这在很大程度上契合了联合国 2030 年可持续发展议程所提出的发展目标，对推动沿线南南国家减贫发展具有重大作用。2030 年可持续发展议程第九项目标为“建造具备抵御灾害能力的基础设施，促进具有包容性

① 《习近平：4 年来，“一带一路”建设成果丰硕》，新华网 2017 年 5 月 14 日，http://news.xinhuanet.com/world/2017-05/14/c_129604230.htm。

② 张凯：《筑牢民心相通之桥 夯实“一带一路”基础——“增进民心相通”平行主题会议侧记》，《当代世界》2017 年第 6 期。

2016 年 1 月 16 日，亚洲基础设施投资银行开业仪式在北京举行，中国国家主席习近平为亚投行标志物揭幕。开业两年来，亚投行成员数由成立之初的 57 个增至 84 个，参与投资的基础设施建设项目数达到 24 个，涉及 12 个国家，贷款总额超过 42 亿美元。

的可持续工业化，推动创新”[①]。“一带一路”建设在设施联通方面所取得的进展，实际上就是在帮助沿线发展中国家实现该项目标。当前“一带一路”建设在基础设施领域已经取得的成果，为提升沿线国家农业生产和工业化水平、缓解能源短缺、提升居民生活质量、加强信息交流作出了重要贡献。2030 年可持续发展议程第八项目标为“促进持久、包容和可持续经济增长，促进充分的生产性就业和人人获得体面工作”，第十项目标为“减少国家内部和国家之间的不平等”[②]。贸易畅通和资金融通的建设，契合议程的第八、十项目标，带去的大量资金和项目投入

① 《变革我们的世界：2030 年可持续发展议程》，外交部网站 2016 年 1 月 13 日，http://www.fmprc.gov.cn/web/ziliao_674904/zt_674979/dnzt_674981/qtzt/2030kcxfzyc_686343/t1331382.shtml。

② 同上。

为推动沿线国家经济增长、促进就业、减少贫困人口、减少国家内部和国家之间的不平等作出了一定贡献，最终将使那些处于全球体系边缘地位的发展中国家的普通民众从中获益。

（二）"一带一路"建设提升沿线国家社会发展

各项社会事业的不断发展是发展权实现的重要保障。"一带一路"建设的根本归宿是民心相通，最终目的是让沿线国家的人民共享发展的成果。"民心相通"倡议沿线国家在科学、教育、卫生等领域广泛开展合作，为沿线国家各项社会事业的发展提供助力。"一带一路"建设启动以来，在教育、卫生等领域已取得一定进展。

在教育方面，一是制定了《推进共建"一带一路"教育行动》，重点从国际国内两个方面，不断为"一带一路"建设厚植民意根基；二是加快推进语言互通，在沿线国家建立了 134 所孔子学院和 130 个孔子课堂，在国内相关高校开齐外语专业，实现外语专业设置全覆盖；三是实施"丝绸之路"留学推进计划，设立"丝绸之路"中国政府奖学金，承诺每年向沿线国家提供 1 万个奖学金新生名额，2018 年，"一带一路"沿线国家来华留学生达 26.06 万；四是支持中国学生到"一带一路"沿线国家留学，2012 年以来中国共有 35 万多人赴"一带一路"沿线国家留学，仅 2016 年就有 7.5 万人，比 2012 年增长了 38.6%。①

在卫生方面，一是发布《关于推进"一带一路"卫生交流合作三年实施方案（2015—2017）》，努力打造"健康丝绸之路"；二是建立多双边卫生合作机制，"一带一路"卫生合作战略布局初步形成；三是为

① 《中国教育主动对接"一带一路"沿线国家需求》，法制网 2017 年 5 月 11 日，http://www.legaldaily.com.cn/index/content/2017-05/11/content_7159963.htm?node=20908。

从 2017 年起，“丝绸之路”中国政府奖学金每年资助 1 万名“一带一路”沿线国家新生来华学习或研修，为沿线各国培养人才。图为 2018 年 9 月，北京交通大学威海校区迎来新一批“一带一路”沿线国家留学生。

沿线国家提供医疗和公共卫生援助，中国多次向“一带一路”国家派遣医疗队，实施白内障手术、开展妇幼健康工程；四是与沿线多国开展卫生人力资源开发合作，累计与沿线国家合作培养 1200 余名公共卫生管理和疾病防控人员；五是与中东欧国家、东盟国家开展传统医药合作，建设了一批海外中医中心。卫生合作对“一带一路”倡议实施的支撑与促进作用日益显现。①

教育和医疗的进步成为推进“一带一路”沿线国家社会发展、民众共享发展成果的主要抓手。“民心相通”在教育和卫生方面所倡导的一系列合作，与联合国 2030 可持续发展议程目标 3（确保健康的生活方式，

① 《国家卫计委：“一带一路”卫生合作稳步推进》，央视网 2017 年 05 月 12 日，http://jiankang.cctv.com/2017/05/12/ARTI3VfP9QgxK1BdUeEYXRnG170512.shtml。

2014 年 10 月 15 日，尼泊尔柯依拉腊肿瘤医院进修人员开学典礼在河北省胸科医院举行。柯依拉腊肿瘤医院是由中国政府援建的尼泊尔国内最大的肿瘤专科医院，已有百余名中国医生前往该肿瘤医院工作。

促进各年龄段人群的福祉）、具体目标 4.b（到 2020 年，在全球范围内大幅增加发达国家和部分发展中国家为发展中国家，特别是最不发达国家、小岛屿发展中国家和非洲国家提供的高等教育奖学金数量）、具体目标 4.c（到 2030 年，大幅增加合格教师人数，具体做法包括在发展中国家，特别是最不发达国家和小岛屿发展中国家开展师资培训方面的国际合作）[①] 相契合。当前阶段，“一带一路”建设在教育和卫生方面所取得的阶段性成果，无一不是在助推沿线发展中国家实现 2030 可持续发展议程所设立的相关目标。“一带一路”建设在实质上为沿线南南国家的教育事业和卫生事业作出了贡献。

① 《变革我们的世界：2030 年可持续发展议程》，外交部网站 2016 年 1 月 13 日，http://www.fmprc.gov.cn/web/ziliao_674904/zt_674979/dnzt_674981/qtzt/2030kcxfzyc_686343/t1331382.shtml。

（三）"一带一路"建设推动沿线国家绿色发展

良好的生态环境是人类文明得以发展和延续的基础和支撑。环保无国界。"一带一路"沿线生态环境十分脆弱，水资源短缺、生物多样性衰减等生态问题突出，良好的生态环境是各国经济社会发展的共同需求，绿色发展和生态环境保护成为各国共同追求的目标和当前南南国家非传统性人权治理合作的重要内容。

2017 年 5 月，习近平主席在第一届"一带一路"国际合作高峰论坛开幕式上发表主旨演讲，强调"我们要践行绿色发展的新理念，倡导绿色、低碳、循环、可持续的生产生活方式，加强生态环保合作，建设生态文明，共同实现 2030 年可持续发展目标"。[①] 这一倡议内生于中国在生态文明建设方面的探索与实践，与沿线发展中国家实际发展状况相契合。

自"一带一路"建设启动以来，中国坚持用绿色发展理念引导设施联通、贸易互通、资金融通建设，并与沿线各国就生态文明、绿色发展开展多双边对话、交流与合作，强化生态环境信息支撑服务，推动环境标准、技术和产业合作，取得了积极进展和良好成效。

理念落地需要行动的支撑。中国根据自身在绿色发展方面的实践和探索，先后出台了《对外投资合作环境保护指南》《关于推动绿色"一带一路"建设的指导意见》《"一带一路"生态环境保护合作规划》等一系列文件，规范绿色"一带一路"建设，助力沿线国家生态环境安全。

2017 年 5 月，环境保护部发布《"一带一路"生态环境保护合作规划》（以下简称《规划》），标志着 "一带一路"生态环保合作进入了一个新的阶段。《规划》所设定的发展目标是：到 2025 年，推进生态文明

---

① 习近平：《携手推进"一带一路"建设——在"一带一路"国际合作高峰论坛开幕式上的演讲》，《人民日报》2017 年 5 月 13 日，第 3 版。

和绿色发展理念融入“一带一路”建设，夯实生态环保合作基础，形成生态环保合作良好格局；到2030年，推动实现2030可持续发展议程环境目标，深化生态环保合作领域，全面提升生态环保合作水平。[①]《规划》指出，政府、企业、金融机构、智库、环保社会组织等应共同参与绿色“一带一路”建设，并对企业和金融机构提出了特别的要求。中国企业作为“走出去”的主力，对“一带一路”沿线发展中国家的生态环境以及生物多样性保护有着重要影响。中国政府对企业经营行为的绿色性提出了较高的要求，企业要自觉遵守当地环保法规和标准规范，履行企业环境责任，推动在沿线国家经营行为与基础设施建设的绿色化。金融机构作为中国企业“走出去”以及相关项目落地的重要资金来源方，要积极引导投资决策绿色化，要重点支持沿线国家的生态环保基础设施和绿色产业发展项目。

《规划》涉及25个重点项目，包括政策沟通类6个，设施联通类4个，贸易畅通类3个，资金融通类2个，民心相通类4个，能力建设类6个。[②]

自2011年以来，中国政府累计安排了2.7亿元人民币用于帮助发展中国家提高气候应对能力，培训了来自120多个发展中国家的2000多名应对气候变化领域的官员和技术人员。中国还提供600万美元，支持联合国秘书长推动应对气候变化南南合作。[③]2015年中国宣布将出资200亿人民币建立“中国气候变化南南合作基金”。[④]中国发展与改革委员会累计

① 中华人民共和国环境保护部：《“一带一路”生态环境保护合作规划（环国际[2017]65号）》，2017年5月12日，http://www.zhb.gov.cn/gkml/hbb/bwj/201705/t20170516_414102.htm。

② 同上。

③ 马拉维经济商务参赞处：《中国建气候变化南南合作基金》，2014年9月26日，http://malawi.mofcom.gov.cn/article/jmxw/201409/20140900745385.shtml。

④ 张小春、丁小溪等：《综述：国际社会点赞“中国气候变化南南合作基金”》，新华网2015年10月14日，http://news.xinhuanet.com/2015-10/14/c_1116821532.htm。

2018 年 8 月 24 日，中国在智利投资建设的首个风电场——蓬塔谢拉风电场正式投产发电。该项目总投资额近 1.5 亿美元，可满足 13 万户家庭的用电需求，同时每年还能减少 15.7 万吨碳排放。

安排 7 亿余元人民币，用于开展气候变化南南合作。截至目前，中国已与 28 个国家签署应对气候变化物资赠送的谅解备忘录，并向相关国家大量赠送 LED 节能灯、LED 路灯、节能空调、太阳能户用光伏发电系统等物资。未来，中国还将在发展中国家组织实施应对气候变化“十百千”项目，即在发展中国家建设 10 个低碳示范区、组织实施 100 个左右减缓和适应气候变化的项目、为发展中国家提供 1000 个培训名额。[①]

当前，中国提供融资的斯里兰卡最大水利枢纽工程——莫拉格哈坎达灌溉项目已完成阶段性建设；长江三峡集团公司投资建设的巴基斯坦卡洛特水电项目主体工程已经动工建设。此外，中国还积极与“一带一路”沿线国家开展太阳能、风能等项目合作。[②]

① 冯志军：《中国六年斥资逾 7 亿元开展气候变化南南合作》，新华网 2017 年 9 月 6 日，http://news.xinhuanet.com/politics/2017-09/06/c_1121617684.htm。

② 《“一带一路”成果清单》，《北京日报》2017 年 5 月 14 日，第 5 版。

绿色发展理念不仅为"一带一路"建设提供了战略引领，而且将内化为沿线国家全新的发展理念。当前沿线国家在绿色发展领域已经取得的成果以及《"一带一路"生态环境保护合作规划》确定的25个重点项目，其主要目标是推动落实联合国2030可持续发展议程所列的环境目标，最终落脚点为落实沿线各国及其人民的可持续发展权利，打造利益共同体、责任共同体和命运共同体，让绿色发展成果惠及沿线各国人民。

（四）"一带一路"建设助力沿线国家和平发展

安全是最大的人权。南南国家与军事战略上的"不稳定之弧"所涵盖国家有重叠之处。南南国家在发展水平、历史文化、宗教信仰、传统习俗方面有较大差异，这些差异所造成的排外主义、民粹主义、文明与宗教冲突等，使得"一带一路"沿线的一些国家和地区成为恐怖主义的频发区。当前南南国家所面临的非传统性安全挑战特别是恐怖主义，对国家和民众的权益造成了严重的损害，侵犯了民众的生命权、健康权、财产权、免于恐惧权和发展权，造成国家贫穷落后。而贫穷落后又加剧了沿线国家国内以及区域间的不平等，成为冲突和动荡的根源，使得地区安全局势更加恶化，形成恶性循环之势。

2017年9月，习近平主席在国际刑警组织第86届全体大会上表示，中国愿同各国政府及其执法机构、各国际组织一道，高举合作、创新、法治、共赢的旗帜，共同构建普遍安全的人类命运共同体。习近平主席指出，"促进和平与发展，首先要维护安全稳定；没有安全稳定，就谈不上和平与发展。"[①] 近些年来，中国一直积极参与并倡导国际执法合作和全球安全治理合作。上海合作组织成员国全都为"一带一路"沿线

① 杜一菲、李伟红：《没有安全稳定 就谈不上和平发展》，《人民日报》2017年9月27日，第2版。

2018 年 8 月，“和平使命—2018”上海合作组织成员国联合反恐军事演习在俄罗斯进行。

国家，自 2001 年成立以来，在打击恐怖主义方面开展了诸多合作。2017 年 10 月，上合组织地区反恐怖机构执委会副主任穆卡舍夫表示，过去 3 年来，相关机构在反恐怖机构的框架下联合开展工作，取得重要成果：挫败 550 多起涉恐和极端主义犯罪；制止 1500 多名已加入国际恐怖组织的上合组织成员国公民开展犯罪活动；制止 200 多名上合组织成员国公民出境加入恐怖组织；缴获 700 多个自制爆炸装置、50 多吨爆炸物、6000 多件枪支和 50 多万件弹药；冻结 2000 名涉及资助恐怖主义者的账户；对带有 90 万份涉恐和极端主义性质文件的 10 万个网站限制访问。①虽然上海合作组织的反恐成果集中在其成员国范围内，但也对区域安全

① 上海合作组织官方微博：《反恐成绩》，2017 年 10 月 30 日，https://weibo.com/u/5936814797?refer_flag=1005055014_&is_hot=1。

作出了积极贡献，为区域和平发展奠定了基础。

打击恐怖主义还须标本兼治。贫穷和落后是恐怖主义滋生的温床，要从根源入手来解决问题。“一带一路”建设倡导经济发展与和平安全并重，以和平合作、开放包容、互学互鉴、互利共赢的丝路精神为指引，通过“五通”来推动沿线各国互联互通，共享发展机遇，实现经济稳定发展，为解决安全问题、巩固安全成果提供坚实基础，最终达到消除恐怖主义滋生的土壤、共建安全共同体的目的。

中国作为世界的一分子，与全球各国同呼吸共命运。发展促进人权，广大发展中国家走出当前人权困境的唯一出路在于发展。中国为实现联合国人类发展目标所作出的重大贡献，也是中国为构建人类命运共同体而开展的积极实践。“一带一路”在本质上就是构建人类命运共同体的重大举措，是履行大国责任的壮举，其宗旨就是世界各国合作发展、共建共享、共同繁荣。如今，“一带一路”逐渐从理念转化为行动，从愿景转变为现实，建设成果丰硕。随着时间的推移和各方共同努力，共建“一带一路”一定会走深走实，行稳致远，成为和平之路、繁荣之路、开放之路、绿色之路、创新之路、文明之路，推动经济全球化朝着更加开放、包容、普惠、共赢的方向发展。[①]

二、南南人权合作

南南合作是指广大发展中国家基于共同的历史遭遇和独立后面临的共同任务而开展的相互之间的合作，是发展中国家促进发展领域国际多

① 《中国发表 < 共建“一带一路”倡议：进展、贡献与展望 > 报告》，新华网 2019 年 4 月 22 日，http://www.xinhuanet.com/world/2019-04/22/c_1124399473.htm。

边合作不可或缺的重要组成部分，为广大发展中国家提供了重要的共商共建共享平台。

中国的南南合作始于20世纪50年代，早期主要以单纯的对外援助为主。20世纪80年代以后，随着冷战的结束，世界各国陆续将发展重点转移到经济建设上，中国开始实行对外开放政策，并逐步与其他发展中国家开展经贸合作。进入21世纪以来，随着联合国千年发展目标和2030可持续发展议程的相继推出，发展中国家间的合作进入了目标更明确、机制更灵活、参与者更多元的新阶段。中国提出的构建“人类命运共同体”理念为南南合作描绘出新的蓝图。2017年2月10日，联合国社会发展委员会第55届会议一致通过“非洲发展新伙伴关系的社会层面”决议，呼吁本着“构建人类命运共同体”的精神，加强对非洲经济社会发展的支持。这是构建“人类命运共同体”理念首次被写入联合国决议中。[①] 这意味着构建“人类命运共同体”这一理念正逐渐被世界大多数国家和国际组织接受并认可。

当前全球人权治理已经进入新时代，南南国家间的人权合作势在必行。发展中国家必须通过紧密合作，为推动构建人类命运共同体创造机遇和条件。构建人类命运共同体反映了大多数发展中国家的普遍期待，给充满不确定性的世界指明了方向，符合国际社会的共同利益。南南人权合作是发展中国家在人权方面的相互合作，是发展中国家团结起来，通过合作打破西方的话语专制，推动人权事业发展的正确选择。南南人权合作必将会对全球人权治理产生深远影响。中国主动担当大国责任，积极整合多边资源，促进全球繁荣发展，对推动南南人权合作和全球人

① 李秉新、殷淼：《“构建人类命运共同体”首次写入联合国决议》，国新网2017年2月13日，http://www.scio.gov.cn/ztk/dtzt/36048/37525/37531/37813/37814/Document/1617736/1617736.htm。

权发展起到了重要作用。

发展是南南国家的历史使命，也是南南合作的目标和最终归宿。当前南南国家所面临的人权治理困境，可以归结为发展的乏力和和平的缺位，其解决之道均在于发展。在全球化日益深化的今天，没有哪一个国家能够单独发展，只有实现广大发展中国家的统筹发展，补足短板，避免“木桶效应”，才能最终构建起“人类命运共同体”。

发展中国家人口占全世界人口的 80% 以上。当前，全球仍有 8 亿多人口处在极端贫困之中。在发展中国家，36% 以上的人口每天生活费不足 3.1 美元，一半以上的 15 岁以下儿童生活在极端贫困和中度贫困状态。对发展中国家来说，发展权是首要人权。环顾当今世界，要想解决好难民危机、粮食安全、资源短缺等各种全球性挑战，缩短南北差距，增进发展中国家人民生存、教育、医疗等基本权利，关键是靠发展。正如 2015 年 9 月习近平主席在联合国发展峰会上所指出的，“必须攥紧发展这把钥匙。唯有发展，才能消除冲突的根源。唯有发展，才能保障人民的基本权利。唯有发展，才能满足人民对美好生活的热切向往。”[①] 以发展促人权，关键是坚持公平发展、开放发展、全面发展、创新发展，努力实现经济、社会、环境协调发展，实现人与社会、人与自然和谐相处，保证人人享有发展机遇、享有发展成果。

中国是世界上最大的发展中国家。在发展进程中，中国坚持把中国人民的利益同世界各国人民的共同利益结合起来，在南南合作框架下向其他发展中国家提供力所能及的援助，支持和帮助发展中国家特别是最不发达国家减少贫困、改善民生。中国以参与全球贫困治理为核心，通

① 习近平：《谋共同永续发展 做合作共赢伙伴——在联合国发展峰会上的讲话》，人民网 2015 年 9 月 27 日，http://politics.people.com.cn/n/2015/0927/c1024-27638350.html。

2016 年 3 月，世界粮食计划署和中国达成新的战略伙伴协议，为终结中国和其他发展中国家的贫穷和粮食无保障制定出协调战略合作框架。图为 2016 年 6 月 1 日，粮食署与中国农业部共同举办的南南合作政策对话在北京启动。

过提供对外援助、推动民生改善、促进经济社会发展、推动国际交流合作等方式参与南南合作，积极为促进南南国家可持续发展、完成联合国 2030 可持续发展目标、构建人类命运共同体发挥建设性作用。

（一）对外援助[①]

中国的对外援助是指中国向其他发展中国家提供的经济技术援助。中国提供对外援助，坚持不附带任何政治条件，不干涉受援国内政，充分尊重受援国自主选择发展道路和模式的权利。相互尊重、平等相待、重信守诺、互利共赢是中国对外援助的基本原则。

中国的对外援助始于 20 世纪 50 年代，最初是向朝鲜和越南等社会

① 以下数据主要来自《中国的对外援助》白皮书，北京：人民出版社，2014 年。

主义国家提供物资援助，从此开启了中国对外援助的大幕。1956 年，中国开始向非洲国家提供援助。截至 2012 年，中国累计对外提供援助金额 3456.3 亿元。中国对外援助资金主要有 3 种类型：无偿援助、无息贷款和优惠贷款。截至 2012 年，中国对外提供无偿援助 1385.2 亿元，无息贷款 838 亿元，优惠贷款 1233.1 亿元，其中无偿援助占比最高。2010—2012 年，中国共向 121 个国家提供了援助，其中亚洲地区 30 国，非洲地区 51 国，大洋洲地区 9 国，拉美和加勒比地区 19 国，欧洲地区 12 国，受援国大多为南南国家。此外，中国还向非洲联盟等区域组织提供了援助。中国对外援助方式主要包括援建成套项目、提供一般物资、开展技术合作和人力资源开发合作、派遣援外医疗队和志愿者、提供紧急人道主义援助以及减免受援国债务等。截至 2012 年，中国累计减免受援国债务 270 亿元。

2012 年 1 月 28 日，由中国政府援建的非洲联盟会议中心在埃塞俄比亚首都亚的斯亚贝巴落成，这是中国政府继坦赞铁路后对非洲最大的援建项目。

有学者认为，中国这种快速、有效的援助，越来越多地受到非洲国家的青睐，不但缩短了非洲国家为本国基础设施建设融资的周期，同时也增加了非洲国家的信心，以抵抗西方国家援助中附加的关于提升民主化治理要求所造成的压力。①

（二）推动农业、农村发展

农业发展对发展中国家减少贫困至关重要。减缓和消除贫困，是人权保障的重要内容。多年来，中国政府坚持消除贫困、改善民生、逐步实现共同富裕，持续开展以农村扶贫开发为中心的减贫行动，努力实现脱贫致富。中共十九大报告中指出，2012 年以来，中国实现 6000 多万贫困人口稳定脱贫，贫困发生率从 10.2% 下降到 4% 以下，中国对全球减贫事业的贡献率超过 70%。中国在减贫方面取得的巨大进步，得益于中国所实行的精准扶贫政策。

在致力于消除本国贫困的同时，中国积极支持和帮助广大发展中国家消除贫困。联合国粮农组织驻中国和朝鲜代表马文森认为，中国实施精准扶贫是全球减贫领域的创新，在扶贫这一共同面临的挑战上，中国经验对其他发展中国家有着重要的启示作用。② 中国通过援建农业技术示范中心，将先进适用的农业生产技术推广给贝宁、莫桑比克、苏丹、利比里亚、卢旺达、老挝、东帝汶等 17 个国家的民众；派遣农业专家提供咨询和开展技术合作，积极参与受援国农业规划工作；结合发展中国家农业发展特点和实际需要，举办了近 300 期形式多样、内容丰富的

① See Li, X（李晓隽），“Does Conditionality Still Work? China’s Development Assistance and Democracy in Africa”, Chinese Political Science Review（2017），Volume 2, Issue 1.

② 向婷：《联合国粮农组织：中国的减贫经验惠及全球》，中国网 2017 年 11 月 16 日，http://f.china.com.cn/2017-11/16/content_50061756.htm。

2014 年 12 月 23 日，由中国政府援助实施的“中柬农业促进中心”项目在柬埔寨金边签约，该项目计划将中国先进的农业科技在柬埔寨推广，并将培训大量柬埔寨农业技术人员。

研修和培训项目，为发展中国家培训了近 7000 名农业官员和技术人员。通过上述多种方式，中国积极帮助其他发展中国家提高农业生产能力，推动减贫进程，促进经济社会发展。

（三）推动民生改善

教育、医疗是改善民生的重要抓手。中国通过援建维修校舍、提供教学设备、培养师资力量、支持职业技术教育发展、增加来华留学政府奖学金名额等方式，不断加大教育援助力度，帮助其他发展中国家提升教育水平，支持其教育均衡、公平发展。通过援建医院、提供药品和医疗设备、派遣医疗队、培训医疗人员、与发展中国家共同开展疾病防治交流合作等形式，中国支持受援国改善医疗卫生条件，提高疾病防控水平，加强公共卫生能力建设。中国援外医疗工作者提升了当地医疗服务的可及性，使大量看不起病的穷人得到了有效治疗。

公益设施是改善民生的重要基础。中国通过实施打井供水项目、改善民用保障性住宅以及社会活动场馆、提供相关设备及物资、开展运营管理技术合作等形式，为其他发展中国家改善民众生活条件、开展社会公共活动提供了良好的条件。

（四）基础设施建设

基础设施是社会生活和经济活动不可或缺的重要载体，良好的基础设施是深化交流、畅通贸易的前提条件，可靠、有效的基础设施是经济增长、社会发展的关键因素，对减贫性增长作用明显。[①] 南南国家基础设施建设普遍滞后，已严重影响经济社会发展。以非洲为例，其交通运输设施非常落后，成为经济社会发展的重大障碍。首先，多数非洲铁路是单轨，且有 16 个非洲国家没有国内或国际铁路。[②] 其次，地区发展不平衡。沿海国家交通较发达，内陆国家交通运输非常落后，有的甚至仍然处于交通运输线的空白区。第三，铁路标准不统一。非洲各地的铁路轨距不同，有 11 种之多。第四，非洲未形成洲际交通运输体系。迄今非洲只有一条横贯东西的铁路，而无一条纵贯南北的铁路。此外，非洲国家侧重于重要城市和沿海地区的交通建设，而忽视城乡之间、地区与地区之间、国与国之间的经济交往。[③] 基础设施的落后制约了非洲内部的

① United Nations Human Settlements Programme (UN-HABITAT), Infrastructure for Poverty Reduction and Economic Development in Africa (Nairobi: UN-HABITAT,2011), pp.13-28.

② African Development Bank Group, African Union and NEPAD, Study on Programme for Infrastructure Development in Africa, Inception Report, April 2010, p. 91. http://www.afdb.org/fileadmin/uploads/afdb/Documents/Generic-Documents/PIDA%20-%20Inception%20Report.pdf.

③ 张忠祥：《非洲基础设施建设报告》，载舒运国、张忠祥主编《非洲经济发展报告 2013—2014》，上海：上海人民出版社，2014 年版，第 89–90 页。

2018 年 9 月 3 日，中国国家主席习近平在中非合作论坛北京峰会开幕式上发表主旨讲话，表示中国愿以政府援助、金融机构和企业投融资等方式，向非洲提供 600 亿美元支持。

贸易往来与一体化进程，对物流系统造成严峻考验，也限制了本地区内部的产品运输能力，并最终影响了产品价值链的形成。①

中国是非洲基础设施援助的重要参与者，早在 20 世纪六七十年代就援建了著名的坦赞铁路。进入 21 世纪，中国在促进南南国家基础设施建设方面发挥了更大的作用。这种以基础设施为抓手的合作理念源于中国的发展经验。“要想富、先修路”的发展理念贯穿于改革开放以来中国经济社会发展的始终。进入 21 世纪后，中国在基础设施建设领域的产能逐渐过剩，而其他发展中国家对基础设施的迫切需求，与中国在

① 马丁·戴维斯：《中国如何影响非洲发展？》，载门镜、本杰明·巴顿主编：《中国、欧盟在非洲：欧中关系中的非洲因素》，李靖堃译，北京：社会科学文献出版社 2011 年版，第 257—258 页。

此领域的比较优势高度吻合。

2007 年 7 月，世界银行发表的《搭建桥梁：中国在撒哈拉以南非洲国家基础设施融资中不断增长的作用》报告（Building Bridges: China's Growing Role as Infrastructure Financier for Sub-Saharan Africa）称，中国、印度和多个海湾国家在撒哈拉以南非洲的基础设施投资项目数量空前，中国向非洲每年投入数十亿美元的基础建设资金。中国和 35 个非洲国家达成协议，帮助其建设大批基础设施。[①] 在 2015 年 12 月召开的中非合作论坛约翰内斯堡峰会上，中国政府承诺向非洲国家提供 600 亿美元的贷款，重点支持非洲铁路、公路、区域航空、港口、电力、电信等基础设施建设，提升非洲可持续发展能力。[②]

（五）对外直接投资

对外直接投资是一种对发展中国家最为有利的外国资本流入形式，因为它的目标方向往往是与这些国家所具备的比较优势产业相嵌合的。相较于其他形式的投资，外商对实体经济的投资很难在恐慌时期发生突然逆转从而导致发展中国家的金融危机，另外，外商在投资的同时能够带来资金、技术、管理、网络、市场等资源，这些都是发展中国家所需要且难以靠本国力量获得的。[③] 早在 1997 年，时任中国领导人江泽民便指出：“不仅要积极吸引外国企业到中国投资办厂，也要积极引导和组织国内有实力的企

① Vivien Foster, William Butterfield, Chuan Chen, and Nataliya Pushak，Building Bridges: China's Growing Role as Infrastructure Financier for Sub-Saharan Africa，World Bank, 2009, p. xi.

② 《习近平：提供 600 亿美元支持中非合作计划》，新华网 2015 年 12 月 5 日，http://www.xinhuanet.com/mrdx/2015-12/05/c_134887591.htm，2018 年 4 月 22。

③ 林毅夫著，张建华译：《繁荣的求索——发展中经济如何崛起》，北京：北京大学出版社，2012 年版，第 269—279 页。

2017 年 11 月，埃塞俄比亚—湖南工业园项目开工建设。工业园建成后，将重点发展机械制造、汽车及零部件、家具家电、建筑建工、轻工纺织等产业。图为中国进出口银行与埃塞俄比亚财政部签署埃塞俄比亚—湖南工业园贷款协议。

业走出去，到国外去投资办厂，利用当地的市场和资源。”① 此后，对外贸易经济合作部会同相关部门出台了一系列鼓励企业走出去，促进对外投资、对外援助和国际合作业务发展的扶持政策和措施。②

中国企业的对外投资，不仅促进了技术的转移，更重要的是为被投资国增加了就业机会。广大发展中国家由于就业的不充分，导致多数贫困家庭无法脱贫，严重影响了经济社会发展。中资企业对外投资领域大多集中在劳动密集型产业，所提供的就业岗位大多门槛较低，适合大多数投资所在地劳动力受教育程度较低的现状，为当地大量未就业人员提供了通过自己的努力摆脱贫困的机会，直接促进了当地经济社会发展。

---

① 江泽民：《实施“引进来”和“走出去”相结合的开放战略》，载《江泽民文选》第二卷，北京：人民出版社，2006 年版，第 92 页。

② 王晖：《大力实施“走出去”开放战略》，载《中国对外经济贸易年鉴 2001》，北京：中国对外经济贸易出版社，2001 年版，第 66 页。

（六）提供人权治理的交流平台

人权保障是构建人类命运共同体的重要内容，全球人权事业发展离不开广大发展中国家的共同努力。2017年12月7日，首届“南南人权论坛”在北京开幕。论坛以“构建人类命运共同体：南南人权发展的新机遇”为主题，聚焦包容性发展与南南人权的实现，聚焦南南国家教育权、减贫及粮食权、健康权的保障，聚焦中国与南南合作，对推动发展中国家乃至全世界人权事业具有重要意义。此次南南人权对话表明，发展在人权事业中具有基础性地位，对于广大发展中国家而言，发展本国经济，消除本国的贫困，解决由贫困带来的饮食、教育、医疗等民众的生存和发展问题，仍然是摆在面前的首要任务。

“南南人权论坛”的召开放大了南南人权合作的声音，为实现新的人权范式作出了贡献。苏里南外交部部长伊尔蒂茨·德波拉·波拉克-拜赫勒说：“多年来，我们已经习惯了人权领域由西方主导的局面，但今天我们看到世界正在进行多极化的发展。在这样的背景下，南南人权合作势在必行，广大发展中国家必须共同应对人权事业中存在的问题。”荷兰阿姆斯特丹自由大学跨文化人权中心主任汤姆·茨瓦特认为，习近平主席提出构建人类命运共同体理念，有助于解决全球治理体系代表性和包容性不足的问题，实际上是主张发展中国家在全球人权治理体系中不应该只发挥次要作用，而应该成为重要的利益攸关方。世界人权合作离不开南南国家的智慧与参与，而中国将在发展中国家中发挥重要的领导作用。①

首届“南南人权论坛”呼吁深化南南国家在人权方面的合作，共同促进发展中国家人权事业的进步。多年来，很多发展中国家由于受多种

① 白阳、王海林等：《积极推动发展中国家参与全球人权治理》，《人民日报》2017年12月8日，第3版。

因素的制约和影响，其人权保障水平面临诸多问题。南南合作为发展中国家提供了新的资源渠道，而且不像西方国家的发展援助那样有各种附加条件，南南合作可以帮助发展中国家以创新的方式充分实现发展权。构建人类命运共同体理念为南南国家共同推进人权事业贡献了中国方案。人权事业只能坚持人权的普遍性与特殊性相结合原则，按照各国的国情和人民的需求加以推进。南南国家在发展领域合作前景广阔，各国只有加强合作，共同构建人类命运共同体，才能不断促进发展中国家人民享有更加充分的人权、不断提高人权保障水平、实现全人类共同繁荣发展。南南国家需要进一步开展合作，通过建立良好的政治机制和必要的人权机构，解决地区冲突，进而在和平框架下合力推动人权发展。

南南合作是广大发展中国家基于共同的历史遭遇和独立后面临的共同任务而开展的相互之间的合作。在南南合作的框架内探讨人权发展，交流有利于保障人权的技术、方法和经验，顺应世界潮流，契合发展要求，对于深化和拓展南南合作、促进发展中国家人权事业发展具有重要的意义。首届"南南人权论坛"通过的《北京宣言》明确指出，南南合作是促进发展中国家发展和人权进步的重要途径。南南国家之间应以同舟共济、权责共担、互帮互助、合作共赢的精神，坚持以团结促合作，以合作促发展，以发展促人权，努力实现更加充分的人权保障。国际社会应本着平等、包容、普惠和可持续的原则，积极支持发展中国家加快发展，不断提高发展中国家人权保障水平。

今天，发展中国家正在为保障本国民众的人权不断奋斗，也正在成为推进世界人权事业发展的重要力量。人权和发展密切相关、不可分割。人权不应该也不能成为发达国家干预发展中国家、弱小国家的借口。南南人权合作对于构建人类命运共同体具有积极意义，在推动全球人权治理更加合理公正进程中发挥着非常重要的作用。

2017 年 12 月 7 日，由中国国务院新闻办公室和外交部共同主办的首届南南人权论坛在北京举行。论坛以“构建人类命运共同体：南南人权发展的新机遇”为主题。

中国国家主席习近平指出，“构建人类命运共同体是一个美好的目标，也是一个需要一代又一代人接力跑才能实现的目标。”当前，人类社会正处在一个大发展大变革大调整时代，国际社会应携起手来，共同创造机遇、克服困难、应对挑战，努力构建人类命运共同体，让世界充满和平与安宁，让人人得享人权！

后记

世界人权发展史也是现代人类文明的进化史。世界人权保障所取得的巨大成绩，值得世人欣慰，但其面临的问题也值得深思。作为“后发国家”的中国，在人权发展和保障上并未因循一种既有的、普遍的道路，而是将人权的普遍性与中国的特殊性相结合，走出了一条独具特色的人权发展道路。尽管一路颇多艰辛坎坷，但却成就斐然。中国的人权主张、人权实践和人权故事或许能够为世界人权事业发展提供一种不同的思路、经验和路径。正是基于这一点，我们乐于在这里与大家分享。

成书之时，特别要感谢参与本书写作的年轻作者，同时也很欣慰看到他们在写作过程中的成长。

本书的提纲拟定、素材选取编排以及书稿的修改和定稿由西南政法大学人权研究院张永和教授和郑若瀚博士完成。

参与本书写作的还有：西南政法大学人权研究院研究人员毛奎、李明伟、冯兰翔、郑丹、邓晋、饶鑫、杨健舒、殷源、徐民治、黄兆良、张文龙。毛奎及2017级人权法学博士研究生徐艳霞在全书成稿后，对全书进行了精细的校改，李明伟还参与了全书的统稿工作，在此也特别感谢。

张永和

2019年9月